L'EMPIRE.

CORBEIL, IMPRIMERIE DE CRÉTÉ.

L'EMPIRE,

OU DIX ANS

SOUS

NAPOLÉON.

PARIS,

CHARLES ALLARDIN, LIBRAIRE,

57, QUAI DE L'HORLOGE.

1836.

CHAPITRE I.

On a bien raison de dire que, dans ce monde, tout est heur et malheur; souvent le basard nous sert mieux que les combinaisons les plus habilement calculées. Un jour—et je ne saurais en vérité dire pourquoi—il me prit la fantaisie de devancer l'heure accoutumée pour me rendre aux Tuileries où m'appelait mon service. Il était à peine huit heures du matin, et je me promenais solitairement dans le salon d'honneur, livré à mes réflexions, quand tout à coup une porte s'ouvre et je vois l'empereur. Je trouvai sur sa figure un air fatigué que je n'avais jamais remarqué en lui. Un geste de sa main me fait signe d'approcher : je m'avance; il me donne l'ordre fort gracieux pour moi de le suivre dans son cabinet, et sans autre préambule il me dit :

—Monsieur, vous savez l'allemand?

—Oui, Sire.

—Et l'italien?

—Oui, Sire.

—C'est bien.

—Je sais plusieurs autres langues vivantes : l'espagnol et l'anglais; dans aucun pays de l'Europe je ne serais embarrassé pour me faire comprendre.

—C'est la meilleure des éducations, les langues et les mathématiques. Les savez-vous?

—Un peu; j'ai vu la géométrie, la trigonométrie, l'algèbre, mais je n'ai pas fait de cette science une étude assez approfondie pour oser me donner comme un bon mathématicien.

—Cela serait inutile pour ce que je veux de vous.

—Je ne souhaite rien tant que l'occasion de prouver à Votre Majesté le dévoûment sans bornes que...

—C'est bon! Voici de quoi il s'agit: allez chez vous, prenez une bonne voiture de poste... En avez-vous une?

—Sire, je me la procurerai immédiatement.

—Non, cela amènerait du retard; je vous en ferai donner une. Vous partirez pour l'Italie, vous irez à Milan; le vice-roi vous donnera les moyens de passer en Autriche, sans vous faire connaître.

Arrivé à Vienne, épiez l'empereur; il sort souvent à pied ou en simple calèche. Vous l'aborderez hardiment; vous lui direz que vous venez de ma part, et que vous voulez lui parler sans témoin; sans que ses ministres et même mon ambassadeur en soient instruits. Si la réponse est négative, remettez-lui la lettre n. 1; elle vous avoue pour mon envoyé secret; dès lors il y aura nécessité de vous traiter en conséquence; vous ne direz rien dans ce cas, vous ne répondrez à aucune autre interpellation, vous retranchant sur ce que votre mission est remplie par le fait seul du refus de l'empereur. Si au contraire il consent à vous entendre, vous lui remettrez la lettre n. 2, que voici; il en prendra lecture et vous assignera un autre rendez-vous; alors je vous autorise, mais dans ce cas seulement, à ouvrir cette enveloppe; vous lirez entièrement la note qu'elle renferme, ainsi que les instructions et les autres pièces qui y sont jointes. Songez, Monsieur, que du succès de votre ambassade mystérieuse dépendra sans doute l'avenir de deux grands peuples. Je ne vous parle pas de votre fortune; elle en sera la conséquence nécessaire.

J'écoutais avec une attention avide les paroles de Napoléon; elles m'ouvraient une carrière si large, si brillante, que je pouvais à peine croire que je n'étais pas la dupe d'une illusion. Cependant il n'y avait point de doute possible. Je remerciai l'empereur de la faveur qu'il m'accordait;

je répondis de ma fidélité dans des termes qui permirent à Napoléon de croire qu'il n'avait pas mal placé sa confiance. Alors il me dit de demander un congé pour cause de santé, de prendre ostensiblement un passeport pour voyager en Allemagne, d'annoncer à mes amis et à ma famille que le besoin de m'éloigner de Paris rendrait peut-être mon absence un peu longue. Rien ne m'était plus facile que de prendre un pareil prétexte, car on savait combien j'étais affecté alors d'un chagrin violent dont peut-être je dirai plus tard la cause. En ce moment je fus surpris de voir que l'empereur connaissait jusqu'aux affections de mon intérieur.

Mes instructions reçues, j'allais prendre congé de l'empereur, lorsque celui-ci, s'approchant de son bureau, y prit un porte-feuille plein de billets de la banque de France et de celles de Londres, d'Amsterdam, de Hambourg, de Vienne et de quelques autres riches cités d'Allemagne.

— Prenez cela, me dit-il; je ne veux faire porter sur aucun État les frais de votre voyage; et il ne me convient pas que celui-ci soit entravé faute d'argent. J'ai un dernier avis à vous donner. Méfiez-vous, Monsieur, du comte de Stadion et surtout de Colloredo; celui-là est personnellement mon ennemi; il a épousé une française émigrée, une péronnelle qui s'imagine s'enfler comme la grenouille en joûtant contre moi. Si on vous mettait en rapport avec l'archiduc Charles, le prince de Lichtestein, ou même avec le prince de Ligne, cela prouverait de bonnes intentions. Soyez prudent et ferme; tâchez que le baron Sumerarr, ministre de la police, ne vous dépiste pas. Au rèste, vous avez tout droit à être présenté officiellement; employez cette voie si vous la jugez la meilleure.

A la suite de cette longue conversation, pendant laquelle le salon de service s'était rempli de monde, l'empereur ne voulut pas qu'on me vît sortir de son cabinet, car cette faveur, rapprochée de mon départ précipité, n'aurait pas manqué d'éveiller la diplomatie; et si le but d'un voyage devait être tenu secret, c'était sans doute celui de ma mission. Au surplus, je n'en connaissais pas encore l'objet; j'allais partir sur la foi impériale. Et quelle fortune à cette époque pouvait paraître incertaine, lorsqu'elle reposait sur celle de Napoléon.

Je quittai les Tuileries, guidé par Roustan à travers des couloirs obscurs, et j'arrivai à l'escalier du pavillon de Flore.

Mes idées étaient bien changées de ce qu'elles étaient précédemment; je n'avais plus d'incertitude sur mon avenir; je le voyais brillant et heureux, me trouvant chargé d'une mission, sans doute d'une haute importance...

Je dois m'arrêter ici...

J'aurais pu satisfaire bon nombre de curiosités en révélant ce que l'on venait de me confier; mais, à part la discrétion naturelle à un gentilhomme, je savais combien Napoléon portait loin sa puissance d'investigation et la finesse de son odorat politique.

Cependant la nouvelle de mon voyage impromptu se répandit bientôt parmi mes connaissances, qui l'attribuèrent à des raisons de santé.

M. de Talleyrand ne prit pas aussi facilement le change :—Est-ce que monsieur C.., disait-il, met au nombre des moyens curatifs ses séjours aux cours de Munich et de Vienne; s'il eût été aux eaux de Bade ou de Tœplitz, à la bonne heure.

Je ne crus pas pouvoir me dispenser d'aller prendre congé de la princesse Hortense; elle me reçut avec une grace parfaite, et me dit :

—On parle beaucoup de la maladie qui vous est survenue et du remède singulier qu'elle exige; vos amis s'étonnent que des courses sur les grandes routes vous soient nécessaires.

—Mes amis, répondis-je, se tourmentent bien bénévolement; cela, je crois, ne les regarde en aucune manière.

—De quel ministre avez-vous reçu vos instructions? dit la princesse en souriant.

—Aucun ne m'a vu, dis-je; ayant besoin de distraction, *mes chagrins seuls en sont la cause.* J'ai réclamé la faveur de faire un long voyage; elle m'a été accordée par l'intermédiaire de M. de Rémusat; et je ne m'approcherai d'aucune de nos Excellences actuelles que demain, lorsque j'irai prendre chez le ministre de la police le passeport dont j'ai besoin, avant de le faire viser au ministère des relations extérieures.

La princesse était trop bonne et trop aimable pour chercher à m'arracher un secret. En cela, elle ne ressemblait guère à l'homme qui, depuis 1789, a parcouru, toujours avec avantage, les mille routes ouvertes par la révolution. On voit que je parle du futur duc d'Otrante, car Napoléon n'avait pas encore institué sa nouvelle noblesse; époque fameuse que nous devons surtout nous rappeler, nous autres serviteurs d'honneur de la maison impériale, car nous y gagnâmes tous un titre et une nouvelle illustration.

Au moment où je parle, cette Excellence s'appelait encore simplement, M. Fouché, sénateur.

Aussitôt que le ministre me vit, il s'écria :

— Nous allons donc vous perdre? vous voilà

près de courir le monde. Comment en reviendrons-nous? certes les aventures ne vous manqueront pas.

—Je tâcherai de les rendre rares, en me tenant à l'écart.

— Oh! cela vous plaît à dire... un chambellan de l'empereur, traitant d'affaires importantes, est d'autant plus en évidence qu'il veut se dissimuler.

— Monseigneur, repartis-je, vous êtes dans l'erreur; je voyage pour mon plaisir et pour ma santé; dès lors on ne s'occupera guère d'un simple individu.

—Mon cher, dit Fouché, croyez-moi, soyez plus franc; vous avez une mission, c'est certain. En me l'avouant, je peux vous être utile; je vous indiquerai tous les écueils politiques de l'Europe, les Charybdes, les Scyllas, contre lesquels, sans moi, vous vous briserez.

Je me maintins dans la négative; l'adroit ministre me retourna de cent façons. Piqué par ma résistance, il me fit entendre que je l'aurais pour adversaire, puisqu'il ne me convenait pas de l'avoir pour ami. Je fis la sourde oreille, et nous nous quittâmes peu satisfaits l'un de l'autre.

Je me mis en route; j'allai tout d'un trait à Strasbourg, l'empereur ayant changé mon itinéraire. En arrivant dans cette ville on me proposa d'en voir les merveilles: le tombeau du maréchal de Saxe, par le sculpteur Pigal, dans l'église de Saint-Thomas, et le clocher de cette cathédrale, dont la hauteur est à peu près celle de la plus élevée des pyramides d'Égypte; j'accédai à la proposition.

Le sépulcre du prince Maurice est composé d'un grand nombre de figures très-pittoresques; l'imagination de l'artiste parle au cœur. Le héros, appelé par la Mort, descend d'un pas ferme dans la tombe entr'ouverte. La France éplorée veut le retenir : voilà le tableau principal; les accessoires considérables sont dignes d'admiration. On y reconnaît bien la forme maniérée du siècle; mais, somme toute, l'esprit est satisfait de ce beau travail.

Le clocher de la cathédrale, d

tions démesurées, est remarquable par son élégance sans pareille : c'est une merveille de l'art; une dentelle gigantesque qui monte aux nues, et cependant l'œil ne souffre pas de cette élévation, car tout y est si bien balancé, qu'on ne peut croire que la solidité y manque ; on jouit de là d'une vue telle, que l'œil a de la peine à l'enceindre; c'est un panorama qui éblouit les yeux.

Je fus indigné que l'on eût établi une véritable tabagie sur le sommet de la tour ; il y a là un restaurateur qui débite du vin, de la bière, des liqueurs ; on y boit, on y mange, on y chante, on y fait pis peut-être. Je crois me rappeler que l'on ne peut y fumer ; cette précaution, si elle existe, est convenable.

De Strasbourg je me rendis à Bade, où régnait alors, sous le titre d'électeur, Frédéric-Charles, vieux prince, né en 1728 ; son fils aîné, le prince héréditaire, devait peu tarder à contracter une alliance avec la Maison impériale, en épousant m[illegible] Stéphanie de Beauharnais. J'avais [illegible] de voir cette jeune personne chez son père, M. de Beauharnais, sénateur, et chez sa grand mère, la comtesse Fanny de Beauharnais, femme spirituelle, auteur d'une foule de jolis ouvrages que nous admirions et qui maintenant sont à peu près oubliés. Le goût change en France; la littérature y suit les caprices de la mode.

Cette comtesse de Beauharnais avait eu pendant plus de six mois une maladie bien singulière : c'était un cauchemar, une sorte de vision extraordinaire. A une époque fixe de la nuit, elle se croyait transformée en un coquemar qui servait à faire de la tisanne à un petit diablotin malade ; ce devait être un grand seigneur en enfer, car il avait une gouvernante, un médecin attitré et tout un cortége de valets, de courtisans et de flatteurs ; ce qui est à peu près synonyme.

Cette race infernale se réunissait pour tourmenter la comtesse; on la plaçait, ainsi métamorphosée, devant un grand feu ; on la bourrait de toutes sortes de plantes pectorales et stomachiques qu'on faisait cuire à petits bouillons. Ce supplice était affreux. Surtout, ajoutait-elle, ce qui me devenait insupportable était le bavardage de ces gens : le médecin en particulier. Oh ! sa science, ses définitions, son latin mêlé à un jargon incompréhensible, que c'était fastidieux! l'ennui en découlait à pleins bords.

Je me rappelle avec quelle vivacité souffrante la bonne vieille comtesse nous racontait cet épisode de sa vie; combien elle y mettait d'éloquence.

De Bade je me rendis à Munich, ville antique, respectable par les mœurs, ,par la piété de ses habitans; ils sont, avec les Viennois, les meilleurs catholiques de l'Allemagne. Le palais de l'électeur, car il n'avait pas encore posé sur son front la couronne royale, était un vaste édifice, bâti dans le genre gothique; son ensemble a de la majesté; la grande salle est belle et noblement décorée.

Maximilien-Joseph, électeur, et depuis roi de Bavière, était venu de loin à la couronne. Sa branche, séparée par plusieurs rameaux de la branche électorale, s'en trouva soudainement rapprochée par cette double cause qui produit des effets si bizarres ; la mort et la stérilité.

Ce prince naquit en 1756, ne possédant pour toute fortune qu'un régiment, celui d'Alsace au service du roi de France, et attendant comme une heureuse fortune que la mort de son père le laissât propriétaire du régiment Royal-Deux-Ponts, au service du même souverain. Son frère non seulement lui laissa le commandement de ce corps, mais encore sa principauté des Deux-Ponts, étant mort sans enfans mâles, le 5 avril 1795. Déjà depuis 1790 il avait abandonné ses régimens français pour ne pas prêter des sermens qui répugnaient à sa conscience. Dieu l'en récompensa ; car le 16 février 1799, son oncle Charles-Théodore, duc de Bavière, expira et appela à sa succession légitime Maximilien-Joseph.

Ce prince, sage, prudent, humain, très-charitable, aimait son peuple et les beaux-arts ; aussi était-il adoré en Bavière, et depuis qu'il n'est plus, son nom n'a rien perdu de la vénération qu'on lui portait de son vivant. Je tiens du comte de Conclaux, sénateur et depuis pair de France, mon ami, et ancien officier au régiment d'Alsace ou des Deux-Ponts, qu'un jour, se promenant en dehors de Strasbourg où ils étaient en garnison, si ma mémoire n'est pas infidèle, ils virent une chaise de poste renversée ; plusieurs paysans et deux domestiques étaient occupés à la relever ; à l'écart, se tenait un personnage d'une taille élevée richement vêtu, ayant l'air imposant et qui paraissait attendre que l'accident qui l'arrêtait dans sa route fût réparé. Le prince Max, c'était ainsi qu'on appelait, par une abréviation familière, le futur roi de Bavière, s'approcha avec le comte de Conclaux de l'inconnu et lui offrit galamment ses services.

L'inconnu le regarda fixement, et, lui faisant ensuite une révérence profonde :

— Sire, dit-il, je remercie Votre Majesté.

Cette manière bizarre de saluer étonna les deux militaires. Le prince Max répondit, en riant, que, bien qu'il fût du bois dont on faisait les rois, il ne l'était pas et ne voyait guère jour à l'être.

—Hé bien, que votre altesse électorale patiente; ce qu'elle n'a pas vu encore, elle le verra plus tard.

—Monsieur, vous me connaissez donc? reprit le prince; je ne suis pas non plus électeur; mon oncle, que Dieu le conserve, occupe ce haut rang auquel, à son défaut, succèdera mon frère Charles II, duc régnant des Deux-Ponts. Mais vous qui me coiffez tour à tour, avec tant d'aisance, du bonnet électoral et du diadême des rois, voudrez-vous bien me dire qui vous êtes?

—Le comte de Saint-Germain, dit l'inconnu en s'inclinant avec grace.

—Parbleu, Monsieur, reprit le prince Max, il y a long-temps que l'on me parle de vous, mais vous aviez disparu de la cour de France; on vous disait chez l'un de nos princes d'Allemagne; le bruit de votre mort a même couru.

—Je suis en vie, Monseigneur, et aux ordres de votre altesse sérénissime

—Hé bien, vous allez sans doute à Strasbourg? j'y suis en garnison; acceptez le souper que je vous offre : nous y serons seuls avec Monsieur que j'invite aussi.

Le fameux étranger accepta, et sa voiture étant relevée du trou où elle gisait, il y monta et poursuivit son chemin.

— J'ai mauvaise opinion de la science cabalistique, dit monsieur de Conclaux, lorsqu'il se trouva seul avec le prince. Qu'est-ce qu'un sorcier qui, pour se retirer d'une ornière, a besoin d'aides humains ; il n'a donc pas une douzaine de démons à ses ordres ; ceux-ci même ne devraient-ils pas le transporter, à son commandement, où il lui conviendrait d'aller ?

Le prince plaisanta sur cette rencontre, ainsi que son officier. Cependant cette couronne, cet électorat, que l'homme lui avait montrés en perspective, ne laissaient pas de lui plaire ; il avait bonne envie d'être crédule ; car nous sommes tous ainsi faits : nous aimons à croire tout ce qui flatte nos désirs.

La promenade fut interrompue ; on rentra à Strasbourg. Le prince donna des ordres ; un souper splendide fut servi. Saint-Germain arriva à l'heure précise dont on était convenu avant que de se séparer; il avait un vêtement magnifique; son habit de velours vert portait non seulement une garniture de diamans, mais encore les brandebourgs, les olivettes, les glands étaient un mélange prodigieux de perles fines, de rubis et de topazes; cela valait la rançon d'un roi; la veste, les jarretières des culottes, les petites boucles, les boucles de souliers, celle du col, toutes resplendissantes, lançaient des feux sans pareils, car c'étaient des brillans admirables.

Le comte fut aimable pendant le repas; il raconta un grand nombre d'anecdotes de tous les temps, de tous les pays. M. de Conclaux en était ravi, mais le prince voulait autre chose, et il remit enfin M. de Saint-Germain sur la prédiction de la grande route.

— Je vous intrigue, Monseigneur, dit-il; je le ferais encore bien davantage si je vous apprenais tout ce qui va se passer. L'Europe est comme le serpent au moment de changer de peau; encore vingt ans, et elle sera méconnaissable. Des royaumes naîtront, il y en a qui disparaîtront; celui-ci, par exemple, dit l'adepte en baissant la voix... hé bien, il va disparaître; le trône sera brisé, et le cadavre du roi, mis à mort, noyé dans le sang de tout ce que la France renferme de grand, d'honnête et d'habile.

Le front du prince, celui de M. de Conclaux se rembrunirent; le premier se plaignit de l'inconvenance du badinage.

—Vous m'avez demandé la vérité.

—La vérité, reprit son altesse sérénissime; vous persistez encore dans ce propos périlleux?

— Oui, Monseigneur, et plût à Dieu que j'eusse dit un mensonge.

L'adepte fit encore beaucoup d'autres prédictions qui se sont réalisées depuis; mais alors elles paraissaient si invraisemblables, que le prince eut du regret d'avoir provoqué cette conversation, charmé d'ailleurs de ce que M. de Conclaux, gentilhomme investi de sa confiance et de son estime, fût le seul admis à entendre des choses qui auraient pu être dangereuses. M. de Saint-Germain, s'étant aperçu du motif qui agitait le prince, prit congé de lui après lui avoir demandé la permission de venir le lendemain lui faire sa cour.

Le jour suivant on sut que, dès l'ouverture des portes, le voyageur mystérieux s'était mis en route, en se dirigeant vers le nord de l'Allemagne. Le prince Max manifesta alors le regret de ne l'avoir pas fait arrêter; car certainement il devait être pour quelque chose dans le complot dont il parlait avec tant de facilité.

M. de Conclaux m'a depuis rappelé ce qu'il m'avait conté en 1787 ou 1788. Avant mon départ pour ce dernier voyage, il m'avait pris à part et m'avait dit de rappeler à l'électeur qu'une partie de la prophétie de Saint-Germain s'était vérifiée, et que, sans doute, celle qui concernait la royauté de l'électeur de Bavière se confirmerait pareillement. Je m'étais engagé avec lui d'en toucher un mot à ce prince, si j'étais admis à l'honneur de lui faire ma cour.

Je croyais qu'il était difficile d'aborder l'éleclecteur; ma surprise fut grande lorsque, étant allé en simple amateur visiter le palais, je m'avisai de demander comment il fallait s'y prendre pour arriver à son altesse électorale, et qu'on m'eut répondu qu'il suffisait de donner son nom et son titre au premier chambellan que l'on rencontrait. Je me promis d'en faire l'essai; après ma grosse faim de curiosité satisfaite et étant très-occupé à examiner une divine statue de porphyre, qui orne la cheminée de la grande salle, je ne remarquai point que mon guide parlait à voix basse à un individu qui traversait la pièce. Celui-ci me regarda, ne dit rien, reprit le chemin par où il était venu, et disparut derrière une admirable portière en brocard des Indes, chose dont la mode est malheureusement perdue parmi nous.

Je traversai une longue enfilade de pièces; dans l'une des plus somptueuses, mon guide m'abandonna; je me trouvai face à face avec un personnage grand et gros, porteur d'une physionomie moins imposante que paternelle, vêtu très-simplement, et qui, venant à moi, me dit :

— Monsieur désire m'être présenté?

A cette question, mon premier mouvement fut de me reculer afin de prendre du champ pour m'incliner, selon les règles voulues par l'étiquette, mais son altesse électorale, car c'était elle-même, ne m'en laissa pas le temps; elle me retint par la croix de ma décoration, et me dit :

— Allons, Monsieur, pas de cérémonie, je vous en dispense; qui êtes-vous?

Je me nommai et je donnai ensuite quelques renseignemens sur ma personne et ma position sociale.

— Vous dites vrai, répondit le prince en riant; à la rapidité de votre explication je reconnais un homme accoutumé à des rapports journaliers avec le héros du siècle. Je suis charmé, Monsieur, de vous connaître..... Vous voyagez donc pour votre agrément?

— Et pour raison de santé; une ordonnance de médecin a motivé mon passeport. Je suis ici chargé en outre de présenter à l'électeur les hommages respectueux du comte de Conclaux, lieutenant-général et sénateur.

— Ah! le bon Conclaux! il vit toujours, j'en suis charmé.

— Il est heureux de la position brillante de l'électeur, et il soupire après le moment où il saluera ce prince du titre de roi, qu'on lui a prédit depuis nombre d'années.

— Ah! s'écria le prince en faisant comme un appel à sa mémoire; en effet, à Strasbourg.... il s'arrêta; puis reprenant. — Monsieur, savez-vous le reste?

Ce reste, je le lui répétai mot à mot, tel que je le tenais de mon ami Conclaux.

— Oh! Monsieur, reprit l'électeur, si j'avais des doutes sur votre position, ils seraient bien dissipés par ce que vous venez de me dire. Je n'ai parlé à personne, en Allemagne ni en France, de cette rencontre si singulière; Conclaux aura eu la même discrétion, et, s'il vous en a instruit, c'est que vous êtes bien ce que vous dites. Que vous semble, Monsieur, de cette prédiction?

— Je souhaite qu'elle s'accomplisse.

— Oui.... mais qu'en pensez-vous?

— Je ne sais trop sur quoi l'établir; on a beaucoup parlé de ce personnage; on l'a dit très-habile.

— Je le saurai mieux encore le jour où ma couronne changera de forme.

Le roi me fit l'accueil le plus flatteur; il voulait me retenir plusieurs jours à sa cour, et j'eus fort à faire pour en obtenir la faveur de me remettre en route; mon insistance éveilla la diplomatie.

— Allez donc, comme il vous convient, Monsieur le malade, dit-il, qui ne pouvez m'accorder une semaine, tâchez une autre fois d'avoir une maladie ou une ordonnance qui vous laisse huit jours de liberté.

Au moment de monter en voiture, je vis venir un page qui m'apportait, de la part de l'électeur, un magnifique nécessaire de voyage, incrusté de nacre et d'or; les pièces en porcelaine venaient de la manufacture de Sèvres; on avait gravé sur un cartouche, dans le dessus du couvercle, *récompense de discrétion et témoin d'une fortune à venir*. Je pouvais seul savoir ce que cela signifiait.

De Munich, je pris par Ratisbonne, passant à Lintz, charmé de suivre le Danube, si admirable dans la variété de ses sites, par la richesse de ses paysages et par les villes qu'il baigne et féconde de ses eaux.

Vienne me parut une ville bizarre; c'est un nain environné d'un géant. La ville, proprement dite, est petite; des remparts bastionnés, des glacis, un terrain libre de constructions l'environnent; et, par delà ce vaste espace, s'étendent, en forme de circonvallation, des faubourgs immenses et peuplés autant qu'il est possible, des promenades délicieuses. Le Prater, situé dans une île du Danube, n'a pas son pareil dans le monde: c'est une féerie permanente, un lieu d'enchantement réel, où, sous des voûtes de verdure, gazouillent des milliers d'oiseaux; on foule un gazon épais, émaillé et fleuri; des eaux fraîches et abondantes, des pavillons élégans, ajoutent au charme de ce séjour. Je l'enviais pour la France, pour Paris; j'aurais volontiers donné en échange les Champs-Élysées et même les Tuileries, malgré leur immense réputation.

J'eus à peine mis le pied dans l'auberge appelée la *Couronne de Hongrie*, qu'une nuée (c'est le mot) d'agens de police m'environnèrent; mais ma qualité et mon passeport furent comme un bouclier mystérieux, à l'aide duquel je chassai devant moi ces démons. Cependant, même en me réclamant de notre ambassadeur, je ne pus m'empêcher d'aller en personne montrer ma figure au bureau du chef de la police générale. Du reste, je rencontrai des gens parfaitement polis, mais fort curieux; chacun me questionna à qui mieux mieux.

Je ne sais pourquoi notre ambassadeur ne voulut pas croire que je fusse un simple voyageur; il me reçut avec morgue et même avec un peu de mauvaise humeur. J'eus beau me faire petit; à chaque parole de modestie de ma part, il hochait la tête; je remarquai que, pendant tout le temps que dura notre première entrevue, il ne cessa d'examiner mon passeport; ses yeux s'attachaient surtout vers l'angle droit du haut de la feuille, je ne savais pas quelle pouvait être la cause de cet examen.

Voulant l'examiner moi-même, je le lui demandai; il me le rendit en me disant :

—Ne le perdez pas, car il vous soustrait à ma juridiction; je suis purement obligé de vous prêter aide et protection en toutes circonstances, mais sans autorité sur vous, sans avoir le droit, comme je l'ai sur tout autre Français, de lui enjoindre, en cas de nécessité, d'évacuer Vienne dans les vingt-quatre heures. Vous avez des amis bien puissans, ou vous remplissez des fonctions secrètes d'une importance majeure.

Ces observations me parurent déplacées; elles dénotaient je ne sais quelle malveillance envieuse, quel dépit jaloux qu'un homme réellement habile ne se serait pas permis; j'y fis la sourde oreille.

L'ambassadeur me demanda ensuite, comme par manière d'acquit, si je voulais être présenté à l'empereur.

—C'est mon plus vif désir.

—Mais est-il nécessaire que ce soit moi qui vous conduise au palais?

—Je ne connais pas de voie plus honorable; j'ignore comment je pourrais y suppléer.

Il me regarda de nouveau, mais sans être plus convaincu de ma sincérité; néanmoins, d'après le désir que je venais de lui témoigner, il prit jour et heure, et nous nous séparâmes, moi riant de son mécompte, lui assez peu satisfait et fort intrigué d'une mission qu'il aurait voulu me voir remplir au fond du Danube.

Une seule pensée m'occupait, celle de me tirer habilement de ma mission. J'allai le lendemain de mon installation au café de Mitani dans le Léopoldstadt et à proximité du pont qui conduit au Prater. Je m'assis dans un arrière-coin, à une petite table et demandai du sabayone, sorte de composition italienne qui. en ce temps, faisait la réputation, à Paris, d'un café situé à l'angle des rues de Rivoli et de l'Échelle.

A Vienne, le sabayone était en grande renommée. Je vis, assis à une table voisine de la mienne, un homme entre deux âges, simplement vêtu, et que l'on servait avec une promptitude, un respect peu communs. Il recevait ces prévenances avec une indifférence qui dénotait une personne accoutumée à être bien servie. Quand il partit, les garçons s'empressèrent, l'un de lui apporter sa redingote, un autre sa canne, un troisième son chapeau, et certes le *pour-boire* modeste qu'il laissa ne pouvait être la seule cause de cet empressement.

Curieux de ma nature et apprenti diplomate, tout occupé de l'objet de ma mission, je me figurai que je pourrais tirer parti de l'individu que je venais de voir; je demandai donc son nom au garçon qui versa méthodiquement le sabayone dans ma tasse, ayant soin de le faire mousser avec une sorte de dignité. Il m'examina sans paraître autrement étonné de ma question; puis, croyant tout me dire :

— Eh! Monsieur, c'est N....

— Il paraît, répliquai-je, que pour les Viennois ce nom seul suffit; il n'en est pas de même pour moi.

Le domestique alors, me contemplant avec un air de surprise, me répondit :

— Eh! Monsieur, vous venez à Vienne du bout du monde; car dans toute l'Europe N..... est connu du moindre enfant.

— Pas au moins de Paris, et pourtant j'en arrive.

— Hé bien, Monsieur, monsieur N..... est le premier valet de chambre de Sa Majesté l'empereur et roi.

En entendant prononcer le nom d'un si fameux personnage, je m'en voulus de mon ignorance et m'applaudis en même temps d'une rencontre qui peut-être pourrait servir merveilleusement bien au succès de la mystérieuse négociation dont j'étais chargé. Je ne fis, par prudence, aucune autre question et remerciai sans affectation celui qui venait de me donner cet utile renseignement.

Le lendemain, je retournai de meilleure heure au café Mitani; je commandai un nouveau bol de sabayone et me plaçai dans la même salle, du côté opposé à celui où je m'étais assis la veille. A peine étais-je installé, commençant à lire un numéro du *Journal de l'Empire*, en faveur duquel on avait levé la prohibition imposée à Vienne sur les journaux de France, que la clarté me fut presque enlevée par le voisinage d'un corps grand et volumineux qui s'interposa entre la fenêtre et mon journal ; je me retournai pour voir la cause de cette éclipse..... c'était monsieur N.....

J'aurais embrassé mon voisin, tant sa présence me devenait agréable ; je le saluai de la manière la plus gracieuse, et il me rendit politesse pour politesse. En voyant qu'on me versait du sabayone, il me plaisanta finement sur la vertu présumée de cette composition anti-calmante.

Ma réponse lui prouva le désir que j'avais de lier conversation avec lui, mais il était malheureusement trop accoutumé à des prévenances semblables. Cependant, ayant reconnu à mon accent que j'étais étranger, il devint communicatif.

Tout en causant, il me demanda sans affectation le motif de mon voyage à Vienne.

— Hélas! lui dis-je, rebuté par mon souverain, je viens ici dans l'espoir que la découverte importante dont je suis l'auteur sera mieux accueillie par Sa Majesté.

— Votre découverte a-t-elle rapport aux finances ?

— Assurément, dis-je ; bien appliquée, elle serait de nature à rétablir celles de tous les États où on l'aurait admise.

— Hé bien, me dit-il, je me fais fort de vous faire obtenir une audience de l'empereur ; vous lui expliquerez votre affaire, et, si elle plaît à Sa Majesté, le reste ira tout seul.

Je vis, dans l'heureux hasard qui me servait si bien, comme un rayon de la fortune qui semblait prendre plaisir à protéger jusqu'aux moindres désirs de Napoléon. Je ne négligeai cependant point d'insinuer à mon protecteur que, si je réussissais par son intermédiaire, je lui en témoignerais ma reconnaissance sans blesser sa délicatesse, car l'intérêt est toujours le grand mobile qui se retrouve au fond de toutes les affaires humaines. Je m'en remis entièrement à sa discrétion pour fixer comme il l'entendrait le jour et l'heure où je pourrais être admis à l'honneur de parler à l'empereur.

— Lui parler! me dit-il, rien n'est plus facile; ce qui ne l'est pas, c'est de lui parler en particulier; j'aviserai un bon moment. En attendant, je vous conseille de venir passer vos après-dînées avec moi; il serait possible que je trouvasse jour à vous introduire. Allons, nous réussirons.

Cinq jours après, je vis mon homme; il rayonnait de joie.

— Victoire! me dit-il, victoire! vous aurez votre audience aujourd'hui même, à minuit. Je rôdais autour de Sa Majesté; je l'ai vue seule et de bonne humeur, j'ai poussé la botte. A votre nom, à l'énonciation de votre titre auprès de Napoléon, Sa Majesté s'est mise à rire et m'a paru persuadée que votre plan de finances pouvait être bon; elle m'a fixé l'instant; elle m'a tracé la route par laquelle je dois vous introduire. Soupez chez moi, nous partirons quand il le faudra.

Ce sourire, qui charmait le bon valet de chambre, me faisait croire, au contraire, que l'empereur François avait deviné le côté réel de ma mission et qu'il voyait en moi non un rêveur de plans de finances, mais bien un émissaire secret de Napoléon. Puisque l'audience m'était accordée, la lettre n° 1 devenait inutile, je n'aurais à remettre que celle n° 2 ; cependant, au lieu de détruire la première, je la pris avec moi, afin de m'en servir dans l'occasion.

Je me consultai alors sur ce que je devais faire, et certes je n'avais jamais eu à réfléchir sur un objet qui fût pour moi plus important. Je me demandai si, la négociation entamée, il convenait de prendre lecture des notes et documens qui la concernaient, ou bien si, m'en tenant à la lettre des instructions verbales de Napoléon, j'attendrais, pour le faire, que l'empereur d'Allemagne m'eût indiqué une nouvelle audience.

La soumission aveugle avec laquelle nous exécutions en France toutes les volontés de l'empereur me détermina à m'en tenir à ce dernier parti et à attendre, conformément à mes instructions, que l'empereur François m'eût assigné une conférence.

Muni de tout ce qui pouvait me donner la qualité d'ambassadeur réel, j'attendis avec une vive anxiété le moment solennel d'agir en conformité des ordres de Napoléon.

Je fis chez le premier valet de chambre ordinaire de S. M. un triste souper; je mangeai peu, préoccupé que j'étais dè mes idées et de mes inquiétudes. Comment tout cela finirait-il? serais-je assez heureux pour attacher mon nom à un événement qui changerait les bases d'un empire.

Un peu avant minuit, vêtu de la livrée impériale d'Autriche et portant un gros paquet de linge, arrangé de manière à ce qu'il cachât mon visage en cas de rencontre, je suivis le premier valet de chambre, portant un flambeau à deux branches, signe caractéristique de sa qualité; nous arrivâmes, par les issues interdites au public, jusqu'à l'anti-cabinet de Sa Majesté. Là, je fus laissé sous la sauve-garde de mon heureuse étoile ; mon conducteur pénétra plus avant. Je restai seul pendant dix ou douze minutes qui me parurent fort longues, et très-ému de la crainte d'être découvert, reconnu, d'exposer, de compromettre le secret de mon souverain, de me rendre la risée de la diplomatie européenne et surtout d'être en butte au mécontentement de ses ministres, aux railleries du peu de royalistes qui existaient en France et de figurer dans une caricature anglaise.

Rien de ce que je redoutais n'arriva; le premier valet de chambre, tout joyeux, vint me prendre ; j'entrai sous ses auspices, un peu honteux, je l'avoue, de mon déguisement. Heureusement qu'en diplomatie, comme en amour, rien n'est ridicule, rien ne déshonore. L'empereur François II, que je reconnus à sa taille longue, mince et droite, était, selon l'usage immémorial de ceux de sa Maison, debout, appuyé contre une table sur laquelle brûlaient deux flambeaux de cire jaune. Pourquoi de cette couleur la plus commune ? je l'ignore ; mais tous ceux qui ont été reçus la nuit, par un empereur d'Allemagne, ont remarqué cette singularité dans le cérémonial de la cour d'Autriche.

Le bon valet qui m'introduisit aurait bien voulu assister au reste de l'audience ; mais force lui fut de se retirer pendant le temps que je mis à faire les trois révérences exigées.

— Monsieur le comte, me dit l'empereur, que m'a dit N....? Avez-vous en effet un projet de finance, ou ne venez-vous pas plutôt de la part de vôtre souverain ?

— Sire, répondis-je, l'empereur mon maître m'a investi d'une confiance qui m'honore; mais il désire que la négociation dont je suis chargé soit traitée directement entre lui et votre auguste Majesté par mon seul intermédiaire, sans passer surtout par le canal des ministres de Votre Majesté impériale, ni par celui de son ambassadeur ordinaire, accrédité auprès de votre cour. Voici ma lettre de créance ; je serai ensuite aux ordres de Votre Majesté.

L'empereur fit un sourire gracieux, prit de mes mains la lettre que je lui présentais. Quand je dis qu'il la prit de mes mains, je ne me sers pas du mot propre; je la posai en effet sur la forme de mon chapeau, et, m'inclinant presque à genoux, je la lui présentai. Je ne sais pourquoi on a prétendu que M. de Narbonne avait été le premier à servir Napoléon de cette manière; il n'était pas le seul à la cour impériale qui eût vécu à celle de Versailles; d'autres aussi bien que lui en connaissaient et en observaient l'étiquette.

L'empereur François II prit la missive impériale, la lut pour la première fois avec attention, parut la méditer, puis la reprit et en recommença la lecture. A ma grande surprise, il la relut une troisième fois; ensuite il me dit:

— Monsieur, l'empereur, votre maître, me prie de renvoyer à une seconde audience la suite de cette négociation; je ne sais si je pourrai, sur ce point, condescendre à son désir; les formes de la monarchie autrichienne ont des règles dont je ne peux me départir; il est bon de les maintenir, car elles sont conservatrices. Nous autres vieux souverains absolus, poursuivit l'empereur en souriant, nous sommes de singuliers despotes; notre tyrannie, comme on dit en Angleterre, en France, en Italie, est prodigieusement tempérée. Nous ne décidons rien qu'avec le concours de nos ministres et des conseillers que nous nous sommes donnés. En conséquence, je regrette de ne pouvoir vous promettre une autre audience, ni, dans le cas où je me déterminerais à vous l'accorder, que la matière à y traiter ne sera pas soumise à la discussion de mon conseil. Dans tous les cas, assurez Sa Majesté l'empereur des Français qu'un silence profond enveloppera cette négociation importante; il est même convenable que le valet de chambre qui vous a introduit croie à la réalité de votre projet financier; dites-lui que ce projet m'a été soumis, que j'en ai été satisfait, mais que j'ai voulu prendre le temps d'y penser avant de vous faire une réponse positive.

L'empereur sonna; le valet de chambre ouvrit la porte; je fis les saluts de départ et fus assez heureux et assez habile pour parvenir à sortir du cabinet de l'empereur sans tourner le dos à Sa Majesté.

N... se hâta de me demander si j'avais à me louer de l'audience.—Oui et non, lui répondis-je; l'empereur approuve mon plan, mais il remet à un terme assez éloigné le moment où il pourra s'en occuper. Cependant les choses tourneront bien, et vous pouvez, je vous le répète, compter sur ma reconnaissance; en voici une première preuve.

Je lui remis alors un rouleau que j'avais préparé d'avance et qui contenait cinquante doubles napoléons. Il me remercia en m'assurant qu'il était tout à mon service, et me reconduisit jusqu'à la dernière porte extérieure du palais impérial, après que j'eus déposé chez lui mon habit d'emprunt.

J'attendis plusieurs jours, inquiet de ne recevoir aucun message, mais espérant que l'empereur me donnerait une seconde audience; dans mon incertitude, je me gardai bien d'ouvrir les instructions impériales. J'aurais craint de montrer un trop vif empressement à m'initier dans les secrets de l'empereur.

Une semaine s'écoula.

Le huitième jour au matin je vis entrer chez moi un garde hongrois qui, après m'avoir demandé si c'était moi qui m'appelais....... et, sur ma réponse affirmative, me dit :

— Monsieur, la personne dont vous attendez une réponse me charge de vous dire que sa position ne lui permet pas de vous recevoir. *Si le négociant* dont vous êtes le mandataire consent à ce que sa proposition soit soumise à la discussion des gens de lois que mon mandataire consulte, l'affaire pourra se renouer, mais non autrement.

Je m'inclinai sans rien répondre ; la rupture était complète. Oh ! comme je me félicitais de n'avoir pas cédé à la tentation qui m'avait poussé tant de fois à lire mes instructions. N'ayant plus rien à faire à Vienne, je me déterminai à en partir. Notre ambassadeur, lorsque j'allai prendre congé de lui, pouvait à peine en croire ses yeux ; il vit bien enfin que je n'avais nullement envie de marcher sur ses brisées, mais force lui fut de convenir que j'avais séjourné dans la capitale de l'Autriche, seulement pendant le temps nécessaire à la visiter et à en connaître la société sans m'être mêlé de diplomatie, ni de rien qui eût rapport à la politique.

CHAPITRE II.

N'AYANT plus rien à faire à Vienne, je repris la route directe de Paris, en passant encore par Lintz, Ratisbonne, Munich et Strasbourg. Quand j'arrivai à Paris, l'empereur n'y était pas; il était allé faire une course au camp de Boulogne; je me disposais déjà à aller l'y rejoindre, lorsque, de mon logement, ayant porté mes regards vers les Tuileries, je vis flotter au pavillon de l'Horloge le drapeau tricolore, signe assuré de la présence de S. M. impériale ; elle descendait de voiture au moment même.

Mon empressement à me rendre au château fut extrême. Napoléon, en me voyant, me dit :

— Vous avez manqué votre mission ?

— Oui, sire ; voici vos notes intactes. Il les examina si scrupuleusement, que j'en eus vraiment honte ; mais il fallait se soumettre à endurer plus d'une contrariété, et cela sans laisser paraître le moindre signe de dépit. La physionomie de l'empereur se colora tout à coup, circonstance que je remarquai en lui pour la première fois ; par un mouvement convulsif, il froissa l'enveloppe que je venais de lui rendre ; puis il se dit, car il ne m'adressa pas la parole :

— Ils veulent la guerre, ils l'auront !...ils s'en repentiront !... je leur offrais.....

Il s'arrêta, et, se tournant vers moi, étant redevenu calme comme par enchantement :

— Monsieur, me dit-il, je suis satisfait de votre zèle ; mais vous n'êtes pas heureux. Gardez la somme que je vous ai donnée, c'est un dédommagement. *J'aurai soin de vous.*

Ces derniers mots étaient ceux dont se servait ordinairement l'empereur envers les personnes qu'il voulait honorer de sa protection, et j'ai éprouvé par moi-même qu'il n'oubliait point les promesses de ce genre, quand une fois il les avait faites. Outre la somme assez considérable dont il ne voulut point que je rendisse compte, peu de temps après, le grand-maréchal du palais me remit de sa part une boîte d'or, enrichie de diamans et d'une valeur d'environ trente-six mille livres. Plus tard encore, l'empereur me gratifia d'un majorat de quinze mille francs de rente. Comblé de ses largesses, il serait indigne à moi d'en mal parler. Néanmoins je serai impartial dans tout ce que j'aurai à en dire : il est trop haut placé dans l'opinion du monde pour que quelques observations critiques puissent attenter à sa gloire.

Dès ce moment les troupes abandonnèrent le camp de Boulogne pour se diriger vers l'Allemagne ; on ne douta plus de la guerre, surtout lorsque l'on vit les Autrichiens se porter en avant et le général Mack, ce foudre de guerre, selon mon ami, le chevalier de Cornn, en prendre le commandement en chef.

Ce fut à Paris un mouvement général ; les fonds publics éprouvèrent en peu de temps une baisse considérable, et les royalistes relevèrent la tête. Ils se réunissaient alors à la place Royale, chez la marquise d'Esparbès, chez M. Desèze, chez l'abbé de Montesquiou, chez le marquis de Clermont-Gallerande ; on les voyait aussi fréquenter la maison de la marquise de Soyecourt, l'hôtel de la duchesse de Chevreuse, c'est-à-dire, du duc et de la duchesse de Luynes, beau-père et belle-mère de cette dame qui fit tant de bruit.

Madame de Chevreuse était remarquable, moins encore par sa beauté, que par l'exquise élégance de sa taille souple et élevée ; la finesse de ses cheveux était admirable, quoique la couleur en fût d'un blond un peu hasardé. J'ai vu peu de femmes avoir une peau plus blanche, mieux satinée et nuancée de plus suaves couleurs. La duchesse se tenait droite, portant haut la tête et la balançant avec une grace sans pareille ; toutefois les perfections de sa personne, de ses bras, de ses mains, de ses pieds, n'étaient rien en comparaison de je ne sais quelle élégance, quelle harmonie, qui en faisaient une femme vraiment accomplie. Quant à ces qualités personnelles que l'on est convenu de désigner sous le nom de qualités morales, elles offraient chez la duchesse de Chevreuse de singulières disparates, de bizarres contrastes. Personne ne portait à un plus haut degré qu'elle les sentimens d'humanité, de bienfaisance, de grandeur d'ame, de générosité. Chaque fibre de ce noble cœur répondait aux sollicitations du pauvre, aux douleurs de l'infortuné. Libérale dans le sens naturel de ce mot, douée d'un caractère élevé et digne de sa naissance (elle était sœur des comtes Albéric et Eymeric de Narbonne), dévouée, intrépide, fidèle en amitié ; tel en était sans doute le beau côté ; mais, par une aberration trop commune en nous, tant de qualités éminentes étaient obscurcies par un goût cruel de médisance, de persifflage, par une haine marquée pour tout ce qui était nouveau. Rien en définitif ne la contraignait à venir à la cour impériale; son ascendant suprême sur le duc, son mari, était connu; elle aurait pu combattre l'ambition de son beau-père si elle l'eût voulu. Alors pourquoi, en acceptant des fonctions que sa famille avait demandées pour elle, ne sut-elle pas les remplir convenablement? Pourquoi, devenue dame du palais de Joséphine, y apporta-t-elle des manières aigres, hautaines, arrogantes? Pourquoi ce laisser-aller condamnable, ce persifflage perpétuel, ces liaisons ennemies, ces correspondances anti-nationales? Manquait-elle tous les mois d'aller toucher la somme échue de ses appointemens? Repoussa-t-elle jamais les générosités immenses de Napoléon? les restitutions de bois, de terres, d'hôtels, que les lois ne prescrivaient point; tant de faveurs et de graces? Une multitude d'émigrés mouraient de faim, et madame de Chevreuse et ses proches vivaient dans la somptuosité par les bienfaits de l'homme qu'elle affectait de mépriser.

Mépriser Napoléon!... n'était-ce pas d'ailleurs

ridicule et de mauvais goût; cela pouvait-il être raisonnable, surtout lorsque l'on recevait ses dons sans en repousser aucun? Comment, en outre, l'orgueil de madame de Chevreuse put-il s'accommoder de cette dégradation nobiliaire qu'elle subit dans toute sa rigueur. Son nom, sur l'almanach impérial, non seulement n'était pas précédé de son titre de duchesse, mais encore la simple particule *de* y manquait; on y lisait : *Madame Chevreuse.* Or, cela n'avait eu lieu que de son consentement; si elle eût insisté pour obtenir les titres qui lui auraient appartenu autrefois, on l'eût renvoyée chez elle.

Ce n'était pas ce qu'elle voulait; les avantages et les agrémens de sa position lui convenaient, et elle aimait à se donner en même temps l'air d'une victime de la férocité de Napoléon. Cette *férocité,* qu'exploitèrent si adroitement les gens ambitieux ou avides, n'exista jamais que dans leur esprit. L'empereur a pu, dans telle ou telle circonstance, manifester de la mauvaise humeur envers ceux qui répondaient à ses avances par des outrages; mais on ne l'a vu que bien rarement sévir contre des refus enveloppés de formes polies, ou appuyés sur des motifs valables.

Je signalerai à ce sujet le fait suivant que je tiens d'un témoin oriculaire.

En 1811, lors de la création des cours impériales, dans celle de Toulouse fut compris, comme conseiller, un ancien membre du parlement de cette ville, M. de Raynal Saint-Michel, homme d'honneur, de sens, de haute probité; on avait sollicité pour lui, et d'après ses demandes, cette charge honorable. Cependant, comme sa maison était le centre du royalisme toulousain, il eut la faiblesse de craindre les reproches de ses anciens amis, et le voilà assurant partout qu'il n'a pas sollicité ces fonctions; qu'on les lui a imposées malgré sa volonté, mais en même temps qu'on lui a fait dire que la prison ou l'exil serait le châtiment de son refus.

Cette version obtenait du crédit, lorsque par malheur un exemple tout opposé vint détruire l'allégation de M. de Saint-Michel; le même décret avait nommé président de chambre à la

4.

cour impériale de Toulouse M. Hocquart, ancien avocat-général à la cour des aides de Paris. Ce magistrat eut la franchise de dire que, si on lui eût donné la première présidence, il l'aurait acceptée; mais que celle qu'on lui offrait ne lui convenant pas, il s'en démettait à l'heure même, ce qu'il fit sans qu'il lui en arrivât rien de fâcheux ; il n'y eut pour lui ni prison, ni exil, ni rien de ce dont on avait menacé M. de Saint-Michel; et comme celui-ci, nonobstant l'exemple de M. Hocquart[1], persista à remplir les devoirs de sa charge, on sut à quoi s'en tenir sur la prétendue violence qui lui aurait été faite. Au reste, cette cour aurait perdu un magistrat capable et qui l'honorait par sa capacité et ses vertus.

Madame de Chevreuse, dans le principe, eût donc pu aussi s'affranchir de ce qui était pour elle, à ce qu'elle disait, une suggestion insup-

[1] M. Hocquart fut nommé, en août 1815, premier président de la cour royale de Toulouse; il exerce encore cette charge qu'il cumule avec celle de troubadour, mainteneur des jeux Floraux.

portable. D'ailleurs, quelque grande dame qu'elle fût, il y en avait parmi ses compagnes de bien autrement illustres encore par la naissance de leurs maris; personne n'en doute, puisqu'on lit dans les almanachs de l'empire les noms de mesdames de La Rochefoucauld, de Darberg, de Turenne, de Bouillé, de Solar, de Lascaris-Vintimille, de Brignolé, de Mortemart, de Montmorency, de Matignon; certes aucune de ces familles, avant le règne de Louis XIII, n'aurait admis sur le pied d'égalité celle d'Albert, ce petit compagnon, qui ne dut ses grandeurs qu'à l'amour désordonné du monarque pour le beau Luynes.

Le salon de madame de Chevreuse était le centre de l'opposition royaliste. Là, se réunissaient le vicomte de La Rochefoucauld, le duc de M....., M. de La Rochejacquelein, tous les Vendéens, les gens de qualité, les gentilshommes des diverses provinces qu'animait le *feu sacré.* On y conspirait, mais à la manière de la bonne compagnie, entre quatre murailles; on traçait des plans, on faisait des projets: les espérances pour l'avenir y devenaient des réalités escomptées au profit du présent. Là, circulaient des chansons, des épigrammes et des calembourgs, sorte d'artillerie peu dangereuse, mais que l'empereur avait la faiblesse de redouter.

Lors du couronnement, on avait omis dans les ornemens du trône impérial les glands d'or que d'autres formes avaient remplacées sans doute. Hé bien, on partit de là pour dire, en faisant allusion à la mort du duc d'Enghien, à celle de Pichegru, de Georges et de ses compagnons, que l'empereur s'était assis sur *un trône sanglant* (sans glands). Lors de la création des chambellans, on prétendit que les mérinos de Rambouillet avaient pris la fuite, mais qu'on venait de les retrouver dans *les chambellans* (dans les champs bêlant). Un char vide était élevé sur l'arc de triomphe du Carrousel, en attendant qu'on y plaçât la statue de Napoléon...

— Oh! s'écria quelqu'un : *Le charlatan!!!* (le char l'attend)

Plaçait-on au dessus des six colonnes qui soutiennent la grille de la cour des Tuileries des boules de cuivre doré à l'imitation du temps des Césars, on distribuait des adresses ainsi conçues: *Aux Tuileries loge le fabricant de cire* (de sires, lès rois créés par l'empereur), à l'enseigne *des ciboules* (des six boules).

On riait de ces niaises stupidités et de beaucoup d'autres du même genre qu'il serait fastidieux d'énumérer; mais l'empereur n'en riait pas; il en éprouvait au contraire une contrariété violente qui lui donnait des crispations de colère, et, tout occupé qu'il était de l'exécution de ses plans gigantesques, ces ridicules satyres troublaient son sommeil.

Napoléon était encore à Gênes, après le couronnement de Milan, lorsque les bruits d'une nouvelle coalition lui arrivèrent pour la première fois. On sait avec quelle rapidité il revint alors à Fontainebleau, où, personne ne l'attendant, il faillit se coucher sans souper. Ce fut peu après son arrivée que je fus chargé de la mission que j'ai rapportée et dont on peut aussi bien que moi entrevoir l'objet. Après mon retour, c'est-à-dire à l'époque dont nous parlons, la coalition cessa tout à coup de devenir un secret pour personne. L'Angleterre, la Suède, l'Autriche, y prirent part, la Russie rompit inopinément les négociations entamées à Paris, en rappelant son ambassadeur. Le royaume de Naples y entra un peu plus tard et pour en payer la folle-enchère. L'Angleterre fournissait à l'empereur Alexandre un subside de cinquante millions. A ce prix, le monarque du Nord s'était engagé à lever une armée de cent quatre-vingt mille hommes. Des sommes pareilles furent payées à l'empereur François II, et le général Mack, à la tête de quatre-vingt-dix mille hommes, entra en campagne le sept septembre, ayant pour chef apparent l'archiduc Ferdinand.

Selon le plan de campagne de la coalition, l'archiduc Jean, à la tête de quarante mille hommes, déboucherait par le Tyrol; l'archiduc Charles se porterait sur l'Adige avec cent mille soldats; ces immenses préparatifs ne surprirent ni n'effrayèrent l'empereur.

On croyait son armée tout entière aux bords de l'Océan, et déjà elle avait traversé la France et entrait en campagne ; elle n'était point, à beaucoup près, aussi nombreuse que les armées ennemies : mais la victoire, accoutumée à suivre notre empereur, ne lui fit pas défaut. Un auteur contemporain, après avoir décrit les troupes innombrables que la coalition mettait sur pied, ajoute :

« A toutes ces masses armées qui s'ébranlent de toutes les extrémités de l'Europe, la France n'a à opposer que deux cent trente-sept mille combattans, dont cent soixante mille sont divisés en sept corps, sous les ordres de Bernadotte, de Davoust, de Ney, de Soult, de Lannes, d'Augereau et de Marmont. La cavalerie est commandée par Murat. Ces corps d'armée recevront en Allemagne les ordres de Napoléon : sans nul doute la guerre sera portée par Napoléon au delà du Rhin. L'invincible Masséna est son général en Italie; le maréchal n'a pour lutter contre l'empereur Charles que cinquante mille hommes et les vingt-cinq mille hommes de l'occupation napolitaine du général Gouvion Saint-Cyr. L'empereur a adressé de Paris un plan de campagne au maréchal, le 17 septembre, par lequel il lui prescrit de commencer les hostilités. Le 27, toute l'Europe est en armes. »

Le 23 septembre, Napoléon se rendit au sénat, où son ministre des relations extérieures lut l'exposé de ses griefs contre l'Autriche; après cette lecture deux sénatus-consultes furent proposés, l'un relatif à une levée de quatre-vingt mille hommes sur la classe de 1806; le second à la réorganisation des gardes nationales. Le sénat décréta les deux propositions et déféra à l'empereur la nomination des officiers de la garde nationale. Des décrets impériaux devaient régler son organisation définitive; ils parurent et appelèrent aux armes tous les Français, depuis l'âge de vingt-et-un ans jusqu'à soixante.

Napoléon quitta Paris le 24; le 27, il était à Strasbourg, et le 1er octobre, sur la rive droite du Rhin.

J'ai dit que mon intention n'était nullement de faire une histoire de Napoléon; je ne veux pas non plus écrire celle de la grande armée :

mon plan consiste à peindre la France pendant l'empire, et non à suivre au dehors la fortune de l'empereur; et d'ailleurs, qui ignore ces faits gigantesques? qui n'a pas lu l'un ou plusieurs des mille ouvrages qui en consacrent le souvenir? Je laisserai donc Napoléon courir rapidement à la victoire, faire Mack prisonnier avec toutes ses forces dans la ville d'Ulm et le contraindre à déposer les armes; ses soldats chasser devant lui la cour de Vienne; s'emparer sans coup-férir de l'Autriche; arriver à Austerlitz et y gagner la bataille la plus célèbre des temps modernes et que l'on nomma alors la bataille *des trois empereurs*. Là furent défaits ensemble, en présence de leurs monarques, les Russes et les Autrichiens; une paix glorieuse s'ensuivit, celle de Presbourg, qui enleva à l'empereur François II toutes les possessions qu'il avait conservées en Italie : Venise entr'autres et son ancien territoire; le Tyrol et d'autres provinces encore.

Ces exploits inouis, leurs miraculeux résultats, enivrèrent la France. Je ne sais comment on ose dire aujourd'hui qu'elle n'était ni satisfaite ni heureuse. La chute totale de l'empire d'Allemagne, du *Saint-Empire romain*, comme on l'appelait encore, fut l'une des conséquences de cette glorieuse campagne; alors les électeurs de Bavière, de Wurtemberg et de Saxe, prirent le titre de roi, par la volonté de Napoléon. Les Bourbons qui régnaient à Naples furent renvoyés du continent pour avoir ouvert leurs ports aux escadres combinées de Russie et d'Angleterre et accueilli des troupes de débarquement. La paix faite, Ferdinand III se trouva seul exposé à la colère de l'empereur, qui investit son frère Joseph du trône de Naples. Ainsi l'ancienne dynastie se trouva reléguée en Sicile, où elle conserva une ombre de pouvoir sous la protection des flottes anglaises.

Le retour de la grande armée donna lieu à des fêtes brillantes : Paris nagea dans la joie d'un légitime orgueil, les rois y accoururent. C'est le tableau de Paris à cette époque que je veux tracer. J'en retrouve les matériaux dans un recueil de notes que j'écrivais chaque semaine et que, sous forme de lettres, j'adressais à l'un de mes parens, homme d'esprit, de bon goût et très-avide de ces sortes de récits.

« Vous voulez, mon cher cousin, que je vous fasse connaître la cour impériale telle qu'elle est, et non telle que vous la représentent des faiseurs de caricatures, qui n'en ont jamais approché : ils la montrent ridicule, méprisable, composée de forbans et de vivandières, *de grosses dames bien cossues* et en même temps d'une sottise exemplaire. N'admettez aucun trait de ces tableaux burlesques. La cour impériale ressemble à toutes les cours du monde : il y a des hommes de mérite, des gens d'esprit, des hommes vertueux, des ambitieux, des affamés, et, il faut bien que j'en convienne, quelques niais; mais ceux-ci sont en petit nombre.

« Napoléon est un de ces êtres prédestinés que la Providence envoie aux peuples pour leur bonheur à de très-longs intervalles. Qui pourrait-on lui comparer dans toute l'histoire? Charlemagne seul mériterait d'être mis en parallèle avec lui; et encore Charlemagne succédait à trois héros : son père, Pépin-le-Bref; son aïeul,

Charles-Martel; son bisaïeul, Pépin-d'Héristal. Né sur le trône, investi dès le principe de la souveraine puissance, il fit sans doute de grandes choses, mais ses prédécesseurs lui avaient aplani les voies; aux avantages de Charlemagne, il faut ajouter le prestige d'une taille colossale; on prétend qu'il avait sept pieds de haut, une voix tonnante, une figure imposante, une démarche majestueuse. A l'exception de Witikind, aucun chef contemporain n'était assez fort pour lutter contre lui : l'Angleterre pauvre, isolée, barbare, tremblait au bruit de son nom. Les Maures divisés en Espagne ne purent l'empêcher de pousser ses conquêtes jusqu'à l'Èbre. Les Lombards, en Italie, se défendirent mal, et il lui fallut trente ans d'une lutte acharnée, pour dompter les peuplades saxonnes, manquant de tactique, d'armes, de forteresses et qui en définitif ne furent jamais totalement vaincues.

« Napoléon au contraire s'éleva d'une position obscure. A peine Français, simple sous-lieutenant d'artillerie, chacun de ses succès fut le fruit de son génie; il prit Toulon; seul il contint et désarma la révolte au 13 vendémiaire; seul, dans l'espace d'une année, il fit quatre ou cinq campagnes en Italie, soumit le Piémont, occupa militairement l'Autriche, chassa les Autrichiens du Milanais, et mit fin à l'existence politique de Venise. Il battit toutes les armées qu'on lui opposa, s'empara de Mantoue, enleva Livourne aux Anglais; prit au pape ses plus belles provinces, fit trembler le roi de Naples, et conserva aux ducs de Parme et de Toscane leurs États, parce qu'ils s'étaient montrés fidèles alliés de la France.

« Il accomplissait toutes ces choses sans aucun aide de l'intérieur; redouté du gouvernement qui le contre-carrait sous main, il avait à combattre des ennemis cachés, et d'autant plus dangereux. Son génie triompha de tout; une paix glorieuse fut conclue sous ses auspices; le Directoire dut à l'appui seul de son nom la possibilité de réussir dans le coup d'État du 18 fructidor. Enfin, trop à craindre par tous les partis, on l'exila en Égypte où il enfanta de nouveaux prodiges, jusqu'au moment où il revint en France pour la sauver de l'anarchie.

« Le 18 brumaire fut l'expression de la volonté nationale, et non point une conspiration, comme l'ont prétendu ceux-là seulement qui conspiraient contre la France, et dont cet événement fit avorter les mauvais desseins. Ce fut comme interprète de cette volonté nationale que le génie de Bonaparte ferma les portes de la révolution.

« Nous étions las de république, d'anarchie; nous avions faim de monarchie, nous demandions un gouvernement fort, ferme, éclairé. Il donna à la France tout ce qu'elle demandait. Aussitôt que sa main eut saisi les rênes de l'État, les agitations intérieures cessèrent, la paix reparut; à sa suite les arts refleurirent; l'agriculture, le commerce, l'industrie, se relevèrent et prirent un développement nouveau.

« A qui dûmes-nous tant de prodiges? A Bonaparte. Qui mit la France à la tête des autres nations? Bonaparte. Qui le soutenait lui? son mérite. Où étaient ses ancêtres, ses alliés, ses trésors? dans sa tête. Un seul homme suffisait à tout, contrebalançait tout, l'emportait sur tout; et il était maigre, pâle, chétif; rien dans sa personne au premier aspect ne commandait la vénération, mais combien il grandissait dès qu'il prenait la parole, dès qu'il agissait. Son regard, semblable à celui de l'aigle, lançait la foudre; son geste impératif imposait une obéissance absolue, et à sa voix l'Europe fléchissait, tremblante et soumise.

« Je doute, mon cher cousin, que ce personnage soit ridicule. Que vous en semble? N'est-il pas au contraire l'homme le plus colossal qui jamais ait existé? A qui prodiguera-t-on les respects, les égards, si ce n'est à celui dont le caractère admirable a triomphé de tous les obstacles, a régénéré la France, l'a sauvée d'une perte certaine, retirée du gouffre où la démagogie l'avait plongée.

« Sa femme, Joséphine, modèle de grace, d'aménité, de douceur; bonne, sensible, généreuse, libérale, est la bienfaisance assise sur le trône à côté du génie. Sa beauté, ses manières séduisantes ne peuvent non plus fournir de texte à la malignité. Il est vrai qu'elle ne descend pas d'une famille souveraine; c'est là son tort, le seul qu'on puisse lui reprocher; mais nous qui, chaque jour, avons à nous louer de ses qualités précieuses, nous qu'elle comble des marques de sa bienveillance, nous l'en absolvons bien volontiers.

«Son fils, le prince Eugène, s'il n'est du sang des dieux, est digne d'en être; c'est un héros: il en possède la valeur, la science, et de plus il est le meilleur des hommes. Que pourrait-on signaler en lui qui prêtât à la raillerie? rien sans doute. Et quelle princesse, née dans la pourpre, serait parée de qualités plus accomplies que sa sœur, que la fille de Joséphine? Elle a toutes les graces, tous les attraits de sa mère; elle aime les arts, et les cultive avec succès; elle compose des romances délicieuses dont elle fait la musique; et elle dessine avec non moins de succès, joue la comédie, non en actrice, mais en femme bien née, c'est-à-dire mieux qu'une actrice de profession; car elle y met cette délicatesse, cet aplomb naturels à ceux de sa caste, tandis qu'ils ne sont qu'empruntés par les dames du théâtre. On ne saura jamais tout le bien que fait mystérieusement cette libérale famille.

« On doit associer aux Beauharnais, pour la bienfaisance, la nouvelle reine de Naples, la princesse Julie-Joseph, née, élevée à Marseille. On ne peut la comparer qu'à nos anciennes et pieuses reines. Elle n'a dans sa Maison qu'un seul officier dont le service soit pénible: c'est son aumônier, le pieux, savant et modeste abbé de Lecuy, ancien général des Prémontés, docteur de Sorbonne et chanoine de Notre-Dame.

« Chaque jour et sans relâche, l'abbé de Lecuy est assiégé par la foule des pensionnaires de la reine Julie, par les nécessiteux, les pauvres honteux dont elle secourt la misère; tous obtiennent, aucun n'est refusé. Dans une circonstance, la caisse était devenue vide au point de ne pas y trouver un centime; on avait dévoré à cette sainte dissipation plusieurs quartiers en avance; le Trésor ne voulait plus fournir de fonds; l'abbé, la tête basse, vint dire à sa majesté que les ressources étaient épuisées.

— « Mon cher abbé, répond la reine, cela n'est pas rigoureusement vrai tant que nous aurons des parures inutiles; voilà un collier de diamans dont je peux me passer; tandis que l'on ne peut remettre à satisfaire la faim des pauvres; engagez-le, vendez-le, peu m'importe, l'essentiel est qu'on ne congédie pas sans secours ceux qui en ont besoin pour vivre.

« Dans une autre circonstance, l'abbé dit à la reine que, pour cette fois, la banqueroute est inévitable. Sa majesté médite un moment, puis, avec un doux sourire, demande que l'on dresse le bilan de la faillite.

— « Le bilan! Madame.

— « Oui, la liste de mes pensionnaires qui mourront de faim, si je ne les secoure.

« La liste fut longue à dresser; mais le zèle de M. Lecuy, n'y fit faute; il la remit à la reine qui alla immédiatement trouver l'empereur. Napoléon avait pour sa belle-sœur une tendresse affectueuse mêlée de vénération; aussi dès qu'il sut qu'elle souhaitait une audience, il vint au devant d'elle, l'embrassa sur les deux joues, la prit par la main, et la conduisit dans son cabinet en lui demandant ce qui l'amenait chez lui d'une manière si inopinée.

— « Hélas! Sire, dit-elle, la frayeur de faire banqueroute.

— « Vous, ma sœur! vous, si rangée, si économe!

— « Oui, Sire, moi qui, faute d'argent, vais faire banqueroute à tous ces gens-ci. Elle mit alors sous les yeux de l'empereur la liste de ses pauvres. L'empereur, après y avoir jeté un coup d'œil, s'écria :

— « Sainte femme!... Oh! que j'aime mieux ce genre de créanciers que les Leroi, les Nattier, les Colliau, les Despaux... Ma sœur, il ne sera pas dit que vous soyez tombée en faillite; tenez, allez vous-même payer vos créanciers; je n'agirais pas avec autant de confiance avec quelques unes de *nos autres femmes* de la famille. J'aurai soin que votre pension soit augmentée.

« Que trouvez-vous de ridicule, je vous prie, dans des traits pareils ? N'est-on pas digne de porter une couronne lorsqu'on agit de la sorte ?

« Cette générosité, moins bien éclairée peut-être, est commune à tous les membres de la famille impériale. Madame-Mère, que ses grandes qualités, sa fermeté stoïque, rendent si respectable, fait de nombreuses aumônes ; elle a demandé à son fils d'être à la tête de tous les établissemens de bienfaisance ; elle s'en est formé un ministère réel, qu'elle dirige activement et par elle-même ; M. de Brissac peut donner à cet égard des renseignemens irrécusables. Il n'y a là ni faste inconvenant, ni parcimonie sordide ; mais comme en France nous sommes accoutumés à voir les femmes d'un haut rang jeter l'argent par la fenêtre, la réserve de Madame-Mère étonne ; et, parce qu'elle n'est point follement prodigue, on prétend qu'elle penche vers l'avarice ; c'est faux, ne croyez aucun des contes que l'on débite là dessus ; il n'y a pas un mot de vrai ; mais si on vous dit qu'elle emploie à faire du bien son influence sur son fils, qu'elle sollicite pour les prisonniers, les condamnés; tenez cela pour exact.

« Jamais il ne fut de mère plus tendre et mieux aimée; elle adore ses enfans qui la paient de retour. Sa contenance avec l'empereur est parfaite; elle confond avec un mot admirable le maître de tous, et le fils respectueux lui-même est en admiration devant son auguste mère. Eh, mon cousin, que cette famille est mal connue!

« Les peuples qui obéiront aux sceptres des frères de l'empereur auront eu rarement de meilleurs souverains : ils veulent le bien-être de leurs sujets; ils aiment les sciences, les arts, le commerce, l'agriculture; hommes de bonne compagnie, ils se plaisent dans son sein. Le prince Louis rappellera souvent Titus. Le roi de Naples est sage, courageux, ardent à bien faire; il travaille beaucoup, et plus il avancera dans la vie, mieux il la remplira de bonnes et belles actions; je lui crois un grand caractère, les circonstances le développeront.

« Quant au sénateur Lucien, on avoue que si l'empereur n'existait pas, il serait un grand homme; il possède les vertus fermes des vieux Romains, avec la grace et l'aménité du Français moderne. Éloquent, intrépide, passionné pour la poésie, il lui donne tous les instans dont il peut disposer. Pourquoi faut-il que l'inflexibilité de son caractère, égale à celle du caractère de Napoléon, les éloigne l'un de l'autre et les empêche de se réunir dans l'intérêt de tous!

« Voici un fait que vous ignorez certainement. Je le tiens d'un ami particulier de Bonaparte, M. Ozun :

« Napoléon était en Égypte; il ne revenait pas; son retour même paraissait impossible, et cependant le vaisseau de l'État allait périr, tant la mauvaise administration du Directoire compromettait son existence et entravait les rouages de cette vaste machine. Les ennemis coalisés s'avançaient menaçans et vainqueurs, il fallait trouver un moyen, prendre un parti. Des gens habiles, Cambacérès, Treilhart, Boissy d'Anglas, Merlin de Douai, Ozun, Tallien, Fabre de l'Aude, Ramel, Benesech, Mathieu, Rœderer et plusieurs autres, résolurent de s'entendre avec Lucien Bonaparte. On lui députa Merlin, Ozun et Rœderer, à l'effet de combiner avec lui un mode nouveau de gouvernement.

« Lucien les écouta, réfléchit, et puis prenant la parole :

— « Mes amis, leur dit-il, je vous remercie d'avoir songé à moi, mais je ne peux répondre à vos désirs; je crois possible l'existence de la république; l'opinion contraire est celle du général Bonaparte : nombre de militaires, beaucoup de fonctionnaires civils, peut-être même la majorité des citoyens, partagent ce sentiment, tant ils sont dégoûtés des excès qui viennent d'avoir lieu; il est impossible d'ailleurs que mon frère ne reparaisse pas; dès lors on ira à lui. Ma position serait fâcheuse : comme magistrat je ne céderais pas, et comme frère une lutte pareille me serait odieuse; l'emporterais-je? Enfin ce serait le combat d'un autre Timoléon; on verrait renaître Étéocle et Polynice : n'entamons pas ce genre de combat, attendons. Napoléon ne tardera à se montrer parmi nous; s'il veut nous aider, la France sera sauvée, la république établie et la gloire du général immortelle et sans tache.

« Les trois députés eussent voulu une autre réponse ; Lucien s'en tint à celle-ci.

— « Mais, lui dit-on, le général Bonaparte voudra-t-il rétablir la tyrannie ?

— « Il voudra ce qui lui plaira, et je crains qu'il ne veuille ce que je ne voudrais point.

« Cette phrase donna beaucoup à penser ; plusieurs — Cambacérès fut du nombre — comprirent ce que Lucien disait à demi. En conséquence, ils manœuvrèrent dans ce sens, et dès lors, à l'heure où Napoléon se présenta, il ne vit autour de lui que des esprits déjà réconciliés avec des idées monarchiques. »

CHAPITRE III.

La campagne d'Austerlitz ne rendit que pour bien peu de temps le repos à la France. La Prusse, conduite par la fatalité, entraînée par cette jactance qui perd les empires, ayant d'ailleurs commis la faute énorme de ne pas prendre part à la coalition dont cette campagne fut le résultat, osa, pendant le cours de l'année suivante, affronter la puissance de Napoléon. Une nouvelle ligue du Nord, dans laquelle entrèrent, avec la Prusse, l'Angleterre et la Russie, recourut aux armes pour tenter la chance des combats.

Par suite du traité de Presbourg, le vieil empire d'Allemagne s'était vu détruit; l'empereur François II ne conservait plus que le titre d'empereur d'Autriche; la confédération du Rhin, dont *la protection* entrait dans les attributs de la couronne impériale de France, remplaçait le Saint-Empire germanique, et dans la confédération se trouvaient trois royaumes nouvellement créés, la Saxe, la Bavière et le Wurtemberg. L'Allemagne enfin fut presque entièrement remaniée.

La renonciation forcée de François II au titre d'empereur d'Allemagne fut le premier prétexte d'une nouvelle guerre; cependant on la fit précéder d'une tentative pacifique. Le roi d'Angleterre envoya lord Lauderdale à Paris, et l'empereur de Russie, M. d'Oubril : le premier arriva le 5 août; mais M. Fox, ministre-directeur du cabinet de Londres, étant mort le 13 septembre, le parti ennemi de la France, toujours sous l'influence de M. Pitt, l'emporta, et la guerre fut résolue.

Déjà, le 2 de ce mois, M. Raffin, chancelier du consulat de France en Russie, avait annoncé que l'autocrate refusait de ratifier le traité conclu par M. d'Oubril. Le 25, Napoléon et l'impératrice partirent de Paris pour Mayence, afin de se rapprocher le plus qu'il leur serait possible du théâtre présumé des nouveaux événemens.

Le 1er octobre, le roi de Prusse exige que les régimens français repassent le Rhin, que l'Allemagne indépendante ne se ligue qu'avec des Allemands. Napoléon, en réponse à ces prétentions, écrit le 7 au sénat conservateur, pour lui annoncer la déclaration de guerre à la Prusse. Le 9, nous étions vainqueurs à Scheitz. Le 10, eut lieu le combat de Saufels où le prince Louis de Prusse, neveu du roi, et qui commandait le corps d'armée, trouva la mort. Le duc de Brunswick, généralissime des forces prussiennes, avait une seconde fois lancé contre la France un manifeste insolent. Ce guerrier, plus habile en paroles que sur le champ de bataille, fut entièrement vaincu le 14 à Iéna. Jamais on ne vit déroute pareille et un royaume disparaître ainsi en huit jours. Chaque combat fut un triomphe : le prince d'Orange, le feld-maréchal Mullendorff, se rendirent prisonniers à Erfurt le 16. Le 18, le prince de Ponte-Corvo (Bernadotte) battit l'armée de réserve que commandait le prince de Wurtemberg. Napoléon coucha à Postdam le 24, et, le 27, eut lieu son entrée triomphale à Berlin.

Le reste de la campagne ne fut plus qu'une série de désastres pour la Prusse, dont la reine avait failli être prise à Iéna ; elle ne dut la vie qu'à la rapidité de son cheval. Partout l'ennemi capitulait ; les places les plus fortes n'attendaient pas les sommations d'usage, tout semblait obéir à l'influence d'une puissance surnaturelle.

Le 14 novembre, le roi de Prusse, posant les armes, feignit d'implorer la clémence de l'empereur : c'était une de ces trahisons si familières en Prusse. Napoléon, poursuivant ses avantages, poussa en avant ses héros : la Pologne prussienne et russe fut envahie, et Murat, le 28 novembre, était à Varsovie. La guerre alors devint directe avec la Russie, qui jusqu'alors avait feint de n'être qu'auxiliaire de la Prusse. Le 19 décembre, Napoléon couchait à Varsovie.

Le commencement de l'année 1807 fut signalé par d'autres victoires; nous battîmes les Russes dans toutes les rencontres. Le 10, février eut lieu la célèbre bataille d'Eylau, vivement disputée, que nous gagnâmes pourtant, et qui suspendit l'ardeur belliqueuse de l'empereur Alexandre. La guerre néanmoins ne fut pas terminée; il fallut, pour arriver à ce but, que Napoléon écrasât encore ses ennemis; il le fit à Friedland le 14 juin.

Le 21, un armistice eut lieu à Tilsitt, et cette ville fut désignée pour une entrevue entre les deux empereurs. Une salle construite sur un radeau placé au milieu du Niémen réunit ces puissans souverains le 25. Là furent mises en avant les propositions de paix continentale. Le lendemain le roi de Prusse rendit hommage au vainqueur, un hommage contraint; la belle reine vit échouer devant Napoléon la puissance de ses séductions, et le traité qui intervint enleva à Frédéric-Guillaume presque la moitié de ses États. Le grand-duché de Varsovie fut donné au nouveau roi de Saxe. Un quatrième royaume entra dans la confédération du Rhin. Ce fut le royaume de Westphalie, composé aux dépens de la Prusse, du Brunswick et de l'électorat de Hesse; et le prince Jérôme Bonaparte en reçut l'investiture.

Le séjour à Tilsitt dura jusqu'au 9 juillet, où l'on se sépara. Napoléon, le 27, arriva au château de Saint-Cloud. Le 9 août, le prince Berthier, prince souverain de Neufchâtel fut créé grand connétable; M. de Talleyrand, prince souverain de Bénévent, eut en partage le titre de vice-grand-électeur, au moyen duquel l'empereur, qui le mettait en disgrace, lui enleva la charge de grand chambellan, dont il investit le comte de Montesquiou Fresenzac.

Cette année, entre autres événemens remarquables, vit, le 19 août, la suppression du tribunat; le mariage du nouveau roi de Westphalie avec la princesse Catherine de Wurtemberg, le 23.

Le 25 mourut M. de Portalis, ministre des cultes; il eut pour successeur M. Bigot de Préameneu. Le Code civil fut promulgué le 3 septembre. En octobre, eurent lieu les premiers événemens d'Espagne : l'arrestation du prince des Asturies, comme coupable de haute trahison; le pardon qui en fut la suite, et le traité secret conclu entre l'empereur et le roi Charles IV, par lequel le Portugal, définitivement enlevé à la maison de Bragance, serait divisé en trois parties : la septentrionale, sous le titre de royaume d'Estramadure, deviendrait l'apanage du roi d'Étrurie, qui allait céder la Toscane à Napoléon. Le Midi, appelé royaume ou principauté des Algarves, devait être donné à don Godoï, prince de la Paix, et le centre, avec Lisbonne, conservé en garantie, serait occupé par la France, pour en être disposé comme il conviendrait à la paix générale.

J'avais alors des rapports d'amitié fort intimes avec une dame très-agréable, remplie d'esprit, et qui, je l'avoue, jouait à Paris un rôle assez équivoque. Les ministres de la police ne lui refusaient rien; elle, de son côté, avait en eux beaucoup de confiance. Je le savais; j'en étais horriblement tourmenté; mais, entraîné par une passion violente, je m'étourdissais sur ce qui aurait dû me faire rompre cette liaison. Quoi qu'il en soit, je lui dus la connaissance de faits fort curieux, relatifs à la conspiration du prince des Asturies.

Je vins un jour la voir au moment où elle ne m'attendait pas. Il me fut facile de reconnaître combien ma présence la gênait; aussitôt mon imagination s'enflamme; je me crois trahi, je me plains, j'éclate; elle, je dois le dire à sa louange, m'aimait sincèrement; affligée de ma mauvaise humeur, redoutant une rupture, elle me dit:

— Vous êtes jaloux, et c'est bien à tort; cependant, je ne me cache point, vous êtes venu mal à propos; ce ne sera pas un rendez-vous secret que vous gênerez, mais une haute intrigue, toute de diplomatie. Fouché m'a priée de lui prêter mon boudoir où il doit avoir une conférence avec un étranger, afin de dérouter les espions : voilà la vérité.

J'en doutais, et me plaignis davantage. — Eh bien! dit-elle, vous voulez me pousser à bout; vous ne craignez ni de me perdre, ni de me compromettre; soit, je puis aisément vous faire rougir de vos soupçons; aussi bien n'avons-nous pas une minute à perdre. Ces messieurs vont venir, entrez dans ce cabinet, restez-y enfermé; vous pourrez tout entendre. Ne cherchez pas à voir, car vous risqueriez fort d'être vu; alors Vincennes ou Pierre-en-Cise nous recevrait tous les deux.

Étonné de sa fermeté, flottant entre la curiosité et la méfiance, je balançai un instant; mais la curiosité fut la plus forte, ou plutôt le désir d'acquérir la preuve que je m'étais trompé dans mes soupçons; j'entrai donc dans le cabinet, dont la porte vitrée, recouverte d'un double rideau intérieur et extérieur en tapisserie empêchait d'entendre le bruit des pas. Je m'assis dans une bergère, et, non sans un violent battement de cœur, j'attendis ce qui adviendrait.

Mon attente dura peu : une voiture roula dans la cour, on monta rapidement, et, au son de voix, je reconnus le duc d'Otrante; il s'informa si toutes les précautions étaient prises; s'il n'y avait, ni dans la maison, ni dans le voisinage, des argus ennemis.

L'intrépidité avec laquelle madame de C...... rassura Fouché me fit frémir pour la bonne foi de ses protestations d'amour.

— Où va cette porte? dit le duc en montrant celle du lieu où je me trouvais.

— C'est celle de ma garde-robe, je viens d'en retirer la clé; voulez-vous y regarder?

Un frisson glacial courut sur tout mon corps à cette proposition. Le ministre hésita, fit deux pas, et je me crus perdu; mais, voyant la mansuétude sans égale de madame de C....., il se ravisa, lui rendit la clé qu'il avait déjà prise, en lui faisant compliment de sa fidélité, compliment que certes elle ne méritait pas. Une autre voiture survint.

— Voici l'homme, dit Fouché; allez à sa rencontre, Madame; n'est-il pas nécessaire que vous le conduisiez jusqu'ici?

Madame de C..... ne savait pas quel était ce personnage, et m'avait laissé le soin de le découvrir. Il entra peu après. Je reconnus d'abord un son de voix qui n'était pas tout-à-fait nouveau pour moi; j'acquis ensuite la certitude que c'était don Isquierdo, envoyé direct à Paris du prince de la Paix, et son ame damnée. Le hasard nous avait mis en rapport ensemble chez le prince de Masserano et chez M. de Mercy d'Argenteau, à qui on l'avait recommandé; sa voix aigre et criarde m'était si bien restée dans la mémoire, qu'aussitôt qu'elle eut frappé mon oreille, j'aurais pu nommer l'homme qui parlait.

La conversation tarda peu à devenir intéressante. Fouché demanda d'abord quelle preuve le prince de la Paix pourrait présenter de son pouvoir absolu en Espagne, et ensuite comment il s'y prendrait pour donner à l'empereur les gages d'une rupture éternelle avec le prince des Asturies.

Isquierdo débuta par éluder la question, craignant de faire une réponse positive. Mais Fouché n'était pas homme à se laisser tromper; il ramena son interlocuteur au point capital qu'il formula en une question directe et impérative. Le fin Espagnol, se voyant pris au piége, se mit à dire que son maître (don Godoï) ne demandait pas mieux que de convaincre le grand Napoléon de sa bonne foi; qu'il en fournirait la preuve.

— Mais, ajouta-t-il, votre souverain est-il sincère envers mon maître? ne lui cache-t-il pas ce qu'il devrait lui apprendre dans l'intérêt commun.

— L'empereur ne possède aucun document dont on puisse tirer avantage.

— Oh! que si, repartit en *goguenardant* l'infernal émissaire de l'ennemi du prince des Asturies; nous savons de science certaine que l'infant a écrit à l'empereur; qu'il lui a même fait des propositions d'alliance; que sa majesté impériale fournisse cette pièce à mon maître; dès qu'il en sera muni, il sera assez puissant pour faire arrêter l'infant comme coupable du crime de haute trahison.

— Il en aurait le pouvoir? dit Fouché surpris.

— Oui, Excellence, et il pourrait plus encore.

— Quoi?

— Tout ce qu'il plaira à S. M. l'empereur.

— Un autre don Carlos, dit Fouché d'une voix si sourde, qu'à peine je pus l'entendre. Isquierdo dut répondre par un sourire, car aucun son de sa bouche ne frappa mon oreille. Il y eut un instant de silence qui me fit tressaillir d'épouvante et d'horreur; je comprenais mon péril si j'étais surpris écoutant un pareil entretien; et, d'une autre part, je plaignais un jeune prince que je supposais innocent et que je voyais près de tomber dans un piége abominable.

Fouché reprit : — Hé bien, Monsieur, si cette pièce peut amener un pareil résultat, qui certainement élèvera une barrière éternelle entre votre maître et l'infant, on vous la donnera; nous l'avons. L'ambassadeur français à Madrid, M. de Beauharnais, a transmis à l'empereur une lettre autographe de la main de S. A. R. le prince des

Asturies. Ce prince se remet à mon souverain du soin de lui choisir une femme; il la voudrait prise dans la famille impériale, et il manifeste une vive terreur pour le cas où, cette démarche étant divulguée, elle viendrait à la connaissance du prince de la Paix.

Isquierdo devait nager dans la joie à chacune des paroles de Fouché; je m'en doutai à ses soupirs à peine contenus; et, lorsque le ministre de la police eut achevé la révélation, l'Espagnol amena la conversation sur un projet de traité dont le but était d'envoyer Charles IV en Amérique; mais à la condition que la principauté des Algarves serait abandonnée au prince de la Paix; alors celui-ci se mettait entièrement à la discrétion de l'empereur, et pousserait à bout l'infant.

Toutes ces choses et beaucoup d'autres furent mises sur le tapis. Ce jour-là, il était clair que la famille d'Espagne serait trahie. Maintenant par qui l'était-elle? Je ne puis rien affirmer. Le prince de la Paix avait-il autorisé son agent à tout promettre? Ce dernier, acquis corps et ame par Napoléon, n'allait-il pas au-delà de ses pouvoirs? En un mot, le prince de la Paix était-il innocent ou coupable?

Il l'expliquera sans doute dans les mémoires qu'il publie maintenant; mais y dira-t-il la vérité, toute la vérité, rien que la vérité? Je ne le pense pas. On sait d'ailleurs que le cabinet de Madrid fut instruit de la lettre écrite à Napoléon, car on en trouva le brouillon original dans les papiers du prince des Asturies; que celui-ci fut arrêté en conséquence de cet acte et d'un autre, dans lequel il se rendait raison des mesures qu'il y aurait à prendre, le cas échéant, où le seigneur roi son père viendrait à décéder avant, comme cela était dans le cours naturel des choses.

Les deux mandataires se séparèrent en se donnant rendez-vous pour un autre jour et dans une autre maison. Quant à moi, plus qu'à moitié mort de fatigue et de terreur, je n'osai me remuer jusqu'à ce que madame de C... fût venue ouvrir elle-même la porte du cabinet. Je la querellai très-vivement sur l'offre qu'elle avait faite à Fouché et qui aurait pu me perdre.

— Vous vous trompez, me dit-elle; si le ministre de la police vous eût rencontré là, j'aurais passé pour innocente, puisque je l'avais engagé à visiter le cabinet. Quant à vous, comme on sait l'affection que vous me portez, comme aussi vous devez être à mille lieues de ce tripotage politique, il eût été prouvé que vous étiez caché comme un jaloux pour me surprendre; comme, d'ailleurs, l'agent espagnol n'avait pas encore paru, on se serait moqué du jaloux, et la chose en serait restée là.

Je n'étais nullement de l'avis de madame de C....; je suis encore persuadé que, si Fouché, alors même qu'il n'aurait pas voulu prendre la chose au sérieux, eût deviné, ou eût fait des suppositions peut-être encore plus fâcheuses, de toute manière je m'en serais fort mal trouvé. Je m'applaudis de ce qui venait d'arriver; ma prudence fut si exagérée, que je ne voulus pas sortir de chez madame de C... avant le jour suivant, tant j'avais peur que des émissaires du ministre de la police ne fussent en sentinelle tout autour de la maison.

Malgré les relations que j'avais eues avec Fouché, et que j'ai avouées précédemment, je n'étais pas au nombre de ses partisans; je ne pouvais m'empêcher de le voir tel qu'il s'était d'abord montré à moi durant la révolution, à Paris et à Lyon, c'est-à-dire, comme un homme altéré de sang. Après avoir été tigre, Fouché n'était cependant plus qu'un chat.

Mes amis du faubourg Saint-Germain le portaient aux nues; c'était lui, à les entendre, qui contenait l'empereur. Je raconterai à ce sujet, et pour prouver combien étaient fausses ces idées, une conversation que j'eus avec l'ancienne duchesse de R....

C'était au commencement de 1808; l'affaire d'Espagne n'avait pas encore éclaté; toute l'Europe tremblait, courbée aux pieds de Napoléon. Il avait soufflé, et son souffle était une tempête, sur les républiques de Hollande, de Venise, de la Haute-Italie et celle de Gênes; sur les républiques même qu'il avait fondées, sans en excepter celle de Lucques. Toutes ces républiques, pétries dans la main impériale, étaient devenues les royaumes d'Étrurie, d'Italie, de Hollande. Nous avons déjà dit que la Bavière, la Saxe et le Wurtemberg, avaient aussi échangé leur couronne électorale contre une couronne royale, et que la vieille Westphalie, ce cœur de l'Allemagne, était devenue un royaume. Napoléon venait en outre de constituer sa noblesse, de distribuer des titres, de répandre des écussons. Que l'on fasse bien attention à ceci, et on trouvera plus de piquant dans mon colloque avec la grande dame.

J'avais l'honneur d'appartenir à la duchesse; ces liens du sang m'ouvraient son hôtel. Je savais qu'elle avait déclaré que, si je n'eusse pas été son cousin, la porte m'aurait été fermée depuis le jour où je m'étais mis aux gages du *général Buonaparté;* car le type du royalisme consistait à ne reconnaître ni premier consul, ni empereur, mais seulement *le général Buonaparté*, et pas Bonaparte qui écrivait ou prononçait ce nom sans faire sentir l'U de la première syllabe et l'accent aigu de l'E de la dernière. Je prie de ne pas voir une invention dans ce que je vais écrire; tous ces propos m'ont été tenus, et si je manque à la vérité, ce sera plutôt en restant au dessous d'elle qu'en l'outrepassant.

Tout avait changé pour moi chez ma cousine; autrefois le suisse, franc Picard, sans plaisanterie, et maintenant vieux portier, regrettant aussi de n'être plus qu'un ange déchu, me saluait avec une douce familiarité, en se permettant même de me sourire en forme d'amitié, tandis que, depuis mon nouveau servage, il se conformait à la froide étiquette; le respect s'en trouvait mieux; l'affection seule y perdait.

Un pareil changement avait eu lieu dans les deux valets de chambre, autres antiques serviteurs du logis; prenant toutes leurs impressions de leur maîtresse, ils ne me regardaient plus, me précédaient la tête baissée, et m'annonçaient par ma charge ou mon titre avec une extrême affectation. Jamais on n'a pu dire plus à propos : Si tu veux savoir comment tu es avec les maîtres, fais attention à la manière dont les domestiques te traitent. Or, j'étais mal traité dans l'antichambre ; donc, au salon, on devait s'en donner à cœur joie sur mon compte.

Ces coups d'épingles ne me piquaient guère; mais j'aurais voulu que mes chers parens, en exprimant en toute occasion leur haine pour tout ce qui tenait à l'empereur, n'eussent pas été auprès de lui dans un état permanent de sollicitation. Ils accablaient sans relâche les ministères de leurs demandes, et notamment M. Defermont, directeur de la liquidation des émigrés. Les uns réclamaient des bois non encore vendus, d'autres demandaient une indemnité en compensation de ceux qui l'avaient été; puis ils voulaient une grande route près de leurs châteaux, que l'on creusât un canal qui ajouterait à la valeur d'une autre de leurs terres, ou aspiraient, pour des parens *bien pensans*, à des préfectures, à des régimens, à de bonnes grosses charges de finance; et, pour cela, on ne se faisait faute de venir à moi.

Dans la circonstance que je cite, mon cousin, le fils puîné de la duchesse, m'avait employé afin d'obtenir une faveur à laquelle il attachait un grand prix. J'avais été assez heureux pour l'emporter sur de nombreux concurrens, et je venais l'annoncer ; le ministre avait eu la bonne grace de m'apprendre par un mot de sa main que l'empereur venait d'accueillir et de signer la demande.

Hé bien, cette fois, par un redoublement de picoteries, le portier me fit sentir la différence de ses procédés; les deux valets firent comme lui. Ma foi, la mauvaise humeur me gagna, et, tandis que je me baissais respectueusement pour baiser la main de la duchesse, ma supérieure d'ailleurs par le sexe, le rang et l'âge :

— Madame, dis-je, je voudrais bien savoir ce qui m'a brouillé avec Hoiseau (l'ex-suisse), avec Prudent et Mauval (les valets); ils ne me reçoivent pas mieux que si j'étais un juif ou un chrétien prêteur à la petite semaine.

— Que sais-je, mon cousin? peut-être que ces vieux serviteurs, qui sont de bons royalistes.....

Elle suspendit sa phrase.

— Hé bien, Madame.

— Sont peinés de vous voir au nombre des déserteurs de la cause sacrée.

— En vérité, ma cousine, il est bien singulier que lorsque votre mari, votre fils, tous les vôtres, me traitent si familièrement et sans s'apercevoir de mon *volte-face*, vos gens aient la mission de me le reprocher. Quant au fond et en réalité, je n'ai point d'ailleurs abandonné ma cause; c'est bien plutôt elle qui m'a tourné le dos. J'étais auprès du roi et de la reine au 17 juillet et aux 5 et 6 octobre 1789. Je ne les ai pas quittés aux dangereuses fédérations des années suivantes; on me compta parmi les prétendus chevaliers du poignard. Mon sang coula au 10 août. Je tentai de sauver le roi, puis la reine, puis mon jeune maître. Ce dernier mort, n'ayant plus rien en France, où les périls étaient certains, j'allai offrir mes services à Louis XVIII; il ne les accepta pas. Dès lors, je rentrai, et je me demande où est mon tort.

Chaque fois que je signalais ma conduite pendant le règne de Louis XVI, mes chers parens, qui, dès le 14 juillet, étaient partis, emportant une forte somme pour aller habiter Londres, d'où ils n'avaient pas bougé jusqu'au consulat, n'étaient pas à leur aise; aussi ma cousine, sans répondre à mon exposé de conduite, répliqua vivement :

— Un homme de votre nom, serviteur gagé de Buonaparte!

— A propos, dis-je, de service, de gages de *Buonaparte*, j'apporte à mon cousin, votre fils puîné, la nouvelle de sa nomination à la place qu'il sollicitait avec tant d'ardeur; je lui ferai pourtant observer que c'est *Buonaparte* qui en paie les émolumens, et que c'est lui directement que l'on sert. Sans doute que dorénavant vos avant-postes Hoiseau, Prudent et Mauval, l'envelopperont dans ma disgrace; car, certes, il sera entaché, et très-volontairement.

— Eh! mon bon cousin, dit la duchesse d'une voix lamentable, n'est-il pas vrai que si mon fils refuse, on l'exilera, si on ne l'emprisonne?

— Non, Madame, et cela parce qu'il se gardera de refuser, attendu qu'il a ardemment sollicité.

— Ce sont choses qu'on doit taire, à moins qu'on ne veuille déshonorer ses proches.

— Oh! pour le coup, repartis-je, cela ne se passera pas ainsi; j'ai vingt lettres d'A... (le fils de la duchesse) qui me prie d'activer sa nomination; j'en ai plusieurs du duc dans le même sens, je vais les faire imprimer; car, si je m'avilis aux yeux de vos laquais, je tiens à ce que ce soit en la compagnie de votre mari et de votre fils.

— *Buonaparte* est un monstre! s'écria la duchesse exaspérée; un jacobin, un sans-culotte, un buveur de sang, incestueux avec ses sœurs, avec ses belles-filles, tyran, avare, prodigue.

— Vous aviez un frère, ma cousine?

— Oui, un saint évêque. Où voulez-vous en venir?

— Hélas! à peu de chose : je veux vous dire seulement qu'à ma connaissance ce saint évêque viola sa mère, empoisonna son père, ne monta jamais à l'autel que souillé de débauches, et employa les vases aux plus vils usages.

Le sang-froid que je mis à débiter ces mensonges interdit ma parente ; elle me regarda avec inquiétude.

— Vous êtes fou ! me dit-elle ; comment osez-vous calomnier ainsi la vertu personnifiée ?

— Cela vous plaît à dire ; j'affirme ce que j'avance.

— Vous calomniez donc ?

— Point.

— Mais au moins il faut des preuves !

— Je sais où elles sont.

— Où ?

— Au dos de la page où l'on a tracé les abominations que vous venez de débiter contre Napoléon. Hé ! Madame, faut-il descendre à ces affreuses, à ces indignes allégations pour noircir un homme que l'on n'aime pas. Si, sur votre seule parole, on admet que l'empereur soit chargé de toutes les iniquités qu'il vous plaît de lui attribuer, pourquoi ne me serait-il pas permis d'en faire autant à l'égard de votre frère ? Ne nous servons pas de ces armes félonnes, elles nous blesseraient : l'empereur est le type du père de famille ; il adore ses frères, ses sœurs, ses enfans : Eugène et Hortense ont ce titre à ses yeux. Ses mœurs sont sévères, austères même ; il ne peut souffrir l'inconduite, il épure sa cour, et il s'abandonnerait à des vices infâmes ! Que diriez-vous si on attaquait l'honneur de vos brus ? si on leur donnait pour amant leur beau-père ou leur frère ? n'en frémiriez-vous pas d'indignation ? Quoi ! ceux-là mêmes qui croient Napoléon aussi horriblement criminel auraient la bassesse de solliciter humblement l'honneur de le servir, la faveur de l'approcher ! Que sont-ils alors eux-mêmes ? qui est plus méprisable de Napoléon ou d'eux ?

Je n'allai pas plus loin ; j'avais atteint le but, car la duchesse ne manquait ni de sens, ni d'esprit. Elle répliqua, un peu honteuse :

— Il est possible que j'aie exagéré ; j'avoue que les mœurs de cet homme sont exemptes de blâme ; mais sa férocité, qui la nie ? n'a-t-il pas traîné le pape par les cheveux.

— Qui l'a vu ? cherchez un témoin oculaire,

je lui donnerai cent mille francs..... Ce que n'aurait pas fait Robespierre, oui, certes, ce qu'il n'aurait pas fait, l'empereur se le serait permis : il se serait montré infâme envers un vieillard, envers le pontife qui l'a sacré, envers le chef de sa religion, c'est encore une autre imposture. Et moi qui étais à Fontainebleau à cette époque, qui ai vu ce qui s'y est passé, je vous ferai un récit contradictoire; oui, vous l'entendrez avec plaisir, bien qu'il détruise une de vos chimères.

— Et les valets de chambre qu'il a tués à coups de pied ou en les jetant dans le feu.

— Allons, ma cousine, encore cent mille francs au profit de Noiseau, s'il peut montrer un seul extrait mortuaire de cette nature.

— A vous entendre, me dit ma parente impatientée, on dirait qu'il n'a fait périr ni le duc d'Enghien, ni Pichegru, ni le capitaine Wrigt, ni Georges Cadoudal.

— Ajoutez, Madame, Ceracchi, Aréna, Saint-Regent, et tous ceux qui ont attenté à sa vie, qui ont voulu l'assassiner. Quant à la mort du duc d'Enghien, c'est autre chose. Hélas! le crime n'est que trop réel, et ce n'est pas moi qui chercherai jamais à l'excuser; pour les deux autres, Pichegru et le capitaine Wrigt, Napoléon nie, et je le crois sur parole. L'homme qui a mis tant d'éclat à immoler une auguste victime n'aurait pas reculé devant la mort d'hommes moins importans. Quant à ceux qu'on arrêta au moment où ils allaient le poignarder, il n'a pas fait comme eux; la justice a prononcé. Qui dira que ces gens-là étaient dans leur droit?

— Je suis certaine qu'il travaille pour la république.

— Et je ne vois, moi, que lui qui puisse soutenir la royauté; s'il périt trop tôt, le jacobinisme envahira l'Europe.

— Il entasse des millions dans l'île de Corse.

— C'est possible.

— Il nous ruine.

— Jamais l'industrie et le commerce n'ont eu tant de développement. Où étiez-vous pendant son absence? à qui devez-vous votre rentrée en

France et le recouvrement de votre fortune? vous insulte-t-on dans les rues de Paris? persécute-t-il les prêtres? qui a rétabli la religion? qui poursuit l'immoralité? pourquoi les vôtres veulent-ils manger de son pain?... oui, de son pain; ma cousine. Vos soupirs ne feront point que cela ne soit pas, et votre fils, la semaine prochaine, prêtera serment entre ses mains : que sera-t-il, selon votre cœur, s'il le prête pour se parjurer plus tard? dites-le-moi, je vous en conjure.

On annonça le prince de Bénévent..... Je me mis à rire; la duchesse eut d'abord envie de se fâcher, elle finit par faire comme moi.

Plus tard, en 1814, elle me dit tout bas :

— Mon cousin, il est pénible de recommencer : nous étions en belle et bonne route; cet homme, d'ailleurs entendait si bien la royauté!

La France était remplie de gens comme ma parente, sollicitant les faveurs impériales et clabaudant contre Napoléon. Chaque fois que, pendant les années 1811, 1812 et 1813 on apercevait dans une famille notable des départemens une recrudescence de mauvaise humeur contre le système impérial, on pouvait parier à coup sûr qu'il y avait eu quelque refus ou seulement quelque retard dans l'obtention d'une faveur.

— Monsieur, me dit un jour d'Alvimare, le célèbre harpiste, vous aimez la musique autant que les autres arts? Hé bien, voulez-vous m'accompagner chez un de mes confrères, chez Lambert, le professeur de chant, rue de la Fontaine, n° 12; il a ce soir une réunion de musiciens, d'amateurs : vous y verrez bonne et agréable compagnie.

C'était en traversant le Palais-Royal ou plutôt le triste passage Radtziwil, alors l'objet de notre admiration, car nous n'avions pas encore une idée des merveilles que la restauration nous procurerait en ce genre : nos passages étaient alors, parmi les fameux, ceux du Vigan, Aubert, de l'Ancre, du Grand-Cerf (une cour boueuse), du Saumon (un boyau étroit au point que deux hommes chargés n'eussent pu le traverser de front), du Caire : c'était notre merveille; on ne se lassait ni de l'admirer, ni de le parcourir. Quoi qu'il en soit, on parlait avec une certaine pompe du passage Radtziwil, et cependant le passage des Panoramas venait d'être ouvert à l'admiration des Parisiens, et déjà l'on jetait les fondemens de la galerie Delorme, postérieure à l'année 1807.

Tous ces élégans bazars, ces foires perpétuelles, toutes ces somptueuses galeries à l'aide desquelles on pourrait presque traverser Paris sans mettre le pied dans une rue, ces palais de l'industrie qui éclipsent la vieille gloire du Palais-Royal lui-même, tout cela était encore dans le portefeuille de nos architectes. Paris a beaucoup gagné, il gagne encore tous les jours sous le rapport matériel ; mais il s'en faut bien qu'il en soit de même du côté moral.

Pardon de cette excursion, peut-être un peu trop prolongée, dans nos brillans passages ; je reviens à M. d'Alvimare.

Je convins avec lui de l'aller prendre dans ma voiture. C'était un homme de qualité, rempli d'amabilité, et supérieur à sa position sociale.

Lambert, l'amphitrion de la soirée, possédait, avec un goût exquis, une profonde érudition dans la science musicale; il composait des romances charmantes, mélodieuses, chantantes, sans que pour cela l'harmonie en fût exclue; mais la voix y tenait la première place. On ne forçait ni dans un salon, ni dans un théâtre, un chanteur, une chanteuse, à hurler de toute la puissance de ses poumons ou à avoir la voix étouffée par le tapage instrumental; on était loin encore du *nec plus ultrà* de notre époque; on eût repoussé les accompagnemens de chaises brisées, de tables renversées, de ferraille précipitée et de coups de pistolet. Le canon seul y manque, mais patience! les dilettanti actuels le réclament, et au train dont vont les choses, on peut espérer qu'ils ne le réclameront pas toujours en vain. C'est une surprise que leur donnera un beau jour un de ces illustres compositeurs dont Paris fourmille, et qui ont la gloire de comprendre la musique autrement que ne la comprenait Grétry. Pourquoi pas? puisque tout le monde a plus d'esprit que Voltaire, tout le monde doit être meilleur musicien que Grétry.

Lambert était en outre un jeune homme de la vieille roche, modeste, désintéressé, professeur discret, aimé, estimé de ses écoliers, de ses nombreuses écolières ; on n'avait rien à craindre de son imprudence et de sa démoralisation ; il avait dans le monde un rang marqué, il l'y conserve encore et il vit en paix avec sa conscience, tout étourdi de ce qu'il voit, de ce qui ressemble si peu à ce que nous avons vu ensemble lors de cet empire où chacun tenait son rang et où l'on s'en trouvait bien.

Il me reçut avec une politesse douce et un peu froide ; il ne me serra pas la main, ne me dit pas qu'il voulait être mon ami, ne me parla, ni de bourse, ni de politique, mais d'arts ; il s'exprima sur la cour avec mesure et réserve. Il n'affecta point de vouloir confondre tous les rangs : on était d'autant plus sur le pied d'une parfaite égalité, qu'on ne voulait point imposer à la société un nivellement forcé.

Je retrouvai là madame de Chevreuse, la marquise de La Grange, belle encore malgré ses malheurs ; ses deux grandes filles l'avaient accompagnée ; l'aînée était alors d'une beauté merveilleuse. Elle n'habite plus la France, Dieu lui donne le bonheur que ses parens n'ont pas connu dans leurs derniers instans. Sa sœur cadette est morte bien jeune ; elle a été résoudre le grand problème de la vie éternelle dont elle s'occupait trop et qu'elle résolvait trop facilement par une dénégation.

Bon Dieu, qu'il était réjouissant, ce célèbre Coulon, ce maître de danse par excellence, ce modèle de grace, sur qui s'étaient reposés les soufflets de Dupré et de Marcel ! je le vois encore, toujours en grand habit, avec son épée inséparable et ses manchettes de dentelle, son chapeau à plumes, garni d'une gance de fin acier, ses boucles de strass, enfin Coulon complet. Qu'il était *simple et digne* avec ses écolières ! il les querellait encore après leur mariage, et malgré leurs titres. Ah ! il ne fallait faire devant lui ni faux pas, ni révérence tronquée.

Que ses rapports intimes étaient doux et bienveillans ! qu'il y avait dans tout ce monde de théâtre, de chant, des restes de l'urbanité française, de la politesse exquise de la vieille cour !

Certainement on ne pouvait être plus grotesque, plus ridicule, plus extravagant dans sa manière de se mettre, dans ses mines, dans ses gestes, que Garat. Hé bien, Garat possédait la fleur de la galanterie; tout en lui décelait l'homme admis aux premiers cercles de France: il n'eut pas osé ricaner devant une femme, ni s'asseoir si elle se fût tenue debout, ni garder, en lui parlant, son chapeau sur la tête, même dans la rue.

Nous étions tous prévenans, attentifs les uns pour les autres; on questionnait civilement, on répondait sans morgue; nous ne nous montrions point sinistres, moroses, mélancoliques, hautains. Avait-on des affaires pénibles, on s'y adonnait; des chagrins de cœur, on restait chez soi.

Qui n'a pas entendu chanter Garat et Martin dans leurs beaux jours ignore le parti qu'on peut tirer de la voix humaine, tout ce qu'elle a de parfait, de merveilleux, de flexible; la mélodie, la grace, l'énergie même qui s'y trouve. Oh! la Gasconne, la simple Gasconne chantée par ces deux hommes divins..... elle produisait sur nous le même effet que le Fandango sur les Espagnols. Et cette nuit, où seul j'écris ces souvenirs après tant d'années écoulées, la Gasconne m'électrise, me transporte ; je frémis délicieusement, tant je crois mon oreille pénétrée par ces voix qui l'ont enivrée si souvent.

Garat cessait-il de chanter, un tonnerre d'applaudissemens succédait au son de sa voix. Lui alors se levait pour remercier... Mon Dieu ! qu'il nous rendait heureux avec cette touffe de cheveux démesurée, ces oreilles de chien qui flottaient le long des tempes ; cette cravatte de mousseline, d'organdi ou de baptiste des Indes, tout cela si empesé, si compassé dans ses plis, dans ce nœud, résultat d'une méditation savante, dans ces pointes raides, dont une menaçait si audacieusement le ciel, tandis que l'autre s'abaissait humble et nonchalante vers la terre ; et ce gilet serin ou rouge écrevisse, et ce jabot gigantesque tantôt simplement riche et en malines, tantôt brodé des mains d'une mystérieuse beauté. Quel travail dans l'assortiment des fleurs, dans l'enlacement des chiffres emblématiques !

Ce qu'il y avait de plus remarquable cependant dans les couleurs dont l'habillement complet de Garat était diapré, ce n'étaient point ces couleurs elles-mêmes, c'était le nom admirable que la recherche du beau langage leur avait donné. Sa culotte, quand elle n'était pas noire, était *cuisse de nymphe émue*, ou bien *puce en mal d'enfant*, ou bien *sauterelle poitrinaire*, ou bien encore *beurre frais doublé de chou*; et comme cela allait bien avec un habit *gris de souris effrayée*, *hanneton coquet*, ou *araignée méditant un crime*!

Telles étaient les couleurs dont se composait la livrée du *suprême bon ton*; oserions-nous bien nous moquer de leurs noms bizarres?..... Mais alors on nous répondrait en nous opposant par de justes représailles, à nous, de l'ancienne cour, je ne dirai point la couleur *cheveux de la reine*, ni le *mordoré*, non plus que le *bleu de roi*; ni même le *prune de Monsieur*; mais où pourrions-nous nous réfugier contre le *caca dauphin*, le *dernier crachat de M. de Maurepas*, et enfin le *merde d'oie*?... Toutes ces couleurs ont fait fureur en leur temps; nous en avons tous porté, un peu avant la révolution ; soyons donc indulgens pour les ridicules que les nôtres ont précédés. L'indulgence est fille de la mémoire ; se souvenir, c'est pardonner.

Quoiqu'à l'époque de la plus grande splendeur de Garat, le pantalon fût de mise, surtout le matin, ce vêtement révolutionnaire pesait un peu sur la conscience d'un merveilleux de l'empire. Garat ne se le permettait que fort discrètement, voué qu'il était depuis sa jeunesse au culte de la culotte courte et des bas de soie blancs, à moins qu'il n'en portât de roses, ce que l'on appelait *hortensia*, et souvent brodés à jour. Chez les hommes de l'ancien régime, la culotte courte et le bas de soie étaient d'anciennes habitudes que nous réprimons avec plaisir ; chez ceux du nouveau, c'était mieux que cela : le désir de faire croire qu'ils étaient depuis long-temps familiarisés avec les accessoires indispensables du costume de cour.

Vers cette époque seulement s'introduisit en France l'usage du cirage anglais ; mais, connu seulement de quelques adeptes de l'élégance, il lui fallut plusieurs années pour détrôner l'exécrable cirage à l'œuf et pénétrer dans le domaine public. Garat ne fut pas un de ceux qui contribuèrent le moins à cette révolution. A la ville, les souliers, toujours cirés le plus artistement possible, étaient noués avec de simples cordons; mais à la cour l'ancienne boucle avait repris ses droits sur le pied et à la jarretière.

L'habit écourté, en drap de qualité supérieure, était noir, bleu ou vert foncé pour les hommes sages et d'un âge mûr ; pour ceux du caractère de Garat, il se distinguait par la singularité des couleurs, *vert clair*, *bleu pâle*, *poudre d'or*, et souvent de la même nuance que le gilet. On portait des boutons de la même étoffe, excepté sur les habits bleus qui réclamaient impérieusement des boutons en or bruni; le chapeau, toujours rond le matin, prenait trois cornes le soir et s'appelait à la Souvarow; il ne figurait que dans les grandes occasions et était de rigueur au bal. On l'ornait d'une plume noire, la plume blanche appartenant aux hauts fonctionnaires; une magnifique gance d'acier d'Angleterre, toujours de très-grand prix, était le complément d'une parure que l'élégance du langage ne qualifiait pas encore du mot impropre de toilette, comme on dit aujourd'hui[1].

[1] *Faire toilette*, c'est s'habiller; *la toilette* est le meuble contenant les ustensiles nécessaires à la parure, tels que les boîtes, les flacons, la houpe à poudre, les peignes, les pinces épilatoires, les couteaux, ciseaux, etc.

La toilette de la comtesse Dubarry, par exemple, l'une des plus riches que l'on ait jamais vues, était tout en or; mais ceux qui se piquent de parler purement n'ont jamais dit *une toilette élégante*, pour désigner quelqu'un de bien habillé, c'est un terme de mauvaise compagnie, quand on s'en sert on manque *de bon ton*, laquelle locution appartient aussi au dictionnaire bourgeois.

CHAPITRE IV.

Garat était donc à la fois le type par excellence du goût quand il chantait; du ridicule quand il se posait en modèle de parure. Eh bien! malgré cela, il n'en était pas moins le chef de file d'une multitude de têtes creuses qui, tout en riant de lui, l'imitaient dans ses extravagances comme aussi dans sa politesse outrée; du moins la société y gagnait-elle sous ce dernier rapport.

Les Garat étaient trois frères : le grand Garat,

ainsi que l'on désignait le chanteur ; Garat-Maïa, qui fut membre du tribunal ; et enfin Fabry, dont je parlerai plus tard. Ces messieurs avaient un oncle de leur nom, marqué au coin d'une fatale célébrité. Ministre de la justice sous la Convention, il fut chargé de signifier à S. M. Louis XVI son arrêt de mort ; il le fit avec une dureté et une insolence sans égales ; il osa parler à son roi en gardant le chapeau sur la tête. Je sais qu'il a prétendu depuis qu'il avait beaucoup pleuré pendant le trajet ; mais ses larmes furent secrètes et l'outrage public. Le récit de Cléry est accablant. M. Bertrand de Molleville, généreux défenseur de son roi, accusa Garat d'avoir soustrait au procès des pièces favorables et à la décharge de l'accusé. Garat a nié ; a-t-il prouvé ? Je n'ai en ma possession aucun document à l'aide duquel je doive l'absoudre ou le condamner sur ce fait. Quoi qu'il en soit, le 31 mai il fut, en sa qualité de membre de la Convention, un de ceux dont la volonté envoya à la mort les Girondins, ses amis, les meilleurs patriotes et même ses parens ; et, lorsque la Convention fut violemment assiégée par des scélérats qui voulaient la contraindre à se scinder, Garat, alors ministre de l'intérieur, osa dire qu'il n'avait vu que des citoyens paisibles et dévoués à la représentation nationale. Il envoya dans le Calvados des sommes énormes pour détacher le peuple des Girondins qui s'y étaient réfugiés ; enfin, et pour justifier ce que je ne crains pas de dire, il fut stigmatisé des éloges de Danton. Le 16 juillet 1793, dans le club des Jacobins, ce monstre lui dit qu'il avait rendu le 31 mai d'immenses services à la patrie, mais qu'il *n'avait pas assez écrit en faveur d'une cause pour laquelle il avait tant fait*. L'un des rédacteurs de l'odieuse Constitution de 1793, il fit tout son possible pour la faire accepter ; Collot d'Herbois l'accusa ; Danton prit sa défense, convenant de sa faiblesse, mais répondant de l'excellence de ses opinions. Peut-être se targuera-t-il de ce qu'au 9 thermidor il était prisonnier ? qu'est-ce que cela prouve ? Égalité, Danton, Desmoulins, Hébert, etc., n'avaient-ils pas péri ? Robespierre ne mourait-il pas ? N'était-ce donc que des victimes pures, que l'anarchie immolait !

Garat changea de système, il passa dans les

modérés ; c'était leur temps. Nommé chef de l'instruction publique, il resta peu à ce poste, et on répandit des bruits peu favorables à sa réputation, pour motiver son renvoi. Ils furent jugés mal fondés, car il alla remplacer Trouvé à l'ambassade de Naples. A la cour des Deux-Siciles, il voulut paraître avec un costume tout en zones tricolores. On s'en moqua tant, on le hua si bien, qu'il ne put arriver jusqu'au palais, et dut aller revêtir un costume moins absurde : le premier lui valut le sobriquet d'*arlechino francese*, sous lequel les Napolitains le connaissent encore aujourd'hui. Cette même manie avait pris à la gorge le petit Trouvé, auquel je ne dis pas ici un éternel adieu.

Garat, ne faisant à Naples que des fautes et des sottises, en fut rappelé, et entra en 1799 au conseil des Cinq-Cents. Le 21 janvier de cette année, il prononça un discours apologétique du régicide commis sur l'avant-dernier roi de France, et dans lequel il insultait à l'auguste victime; les collègues de Garat s'en indignèrent; il reçut plusieurs lettres signées dans lesquelles on lui disait qu'ayant appris qu'il désirait changer une lettre à son nom, on s'offrait pour prouver, à qui voudrait, qu'il était digne de ressusciter l'*ex-ami du peuple*. La flétrissure était trop forte, peut-être, quoique méritée; mais l'opinion ne laissait échapper aucune occasion de manifester l'horreur que lui inspirait le régicide; et puis, n'y a-t-il pas dans l'apologie du crime quelque chose de plus révoltant encore que le crime même. La passion, une certaine fièvre de cerveau, la peur, une complication de ces hideuses maladies morales, peuvent pousser au crime; mais l'apologie!..... Une mauvaise nature la conçoit, et elle ne vient au monde que sous les auspices de la réflexion. Au surplus, c'était pour la dernière fois que des réjouissances sacriléges devaient soulever l'indignation publique, à l'occasion du 21 janvier : dès l'année suivante, le premier consul raya des jours fériés de la révolution cette fête de Cannibales.

Garat, l'oncle, n'en était point d'ailleurs à son début pour ces éloges exécrables. Ce fut lui qui, dans le sein de la Convention, se fit le défenseur officieux des assassins des 2 et 3 septembre. A la suite de phrases banales dans lesquelles il déplore, en rhétoricien, les événemens des deux journées, il ajoute qu'elles ne peuvent donner matière à aucune poursuite judiciaire, *car*, dit-il, *elles appartenaient à l'insurrection du peuple, qui s'était ressaisi de ses droits. C'est presque un crime de penser que cet événement n'appartienne pas à l'insurrection..... Comment le mouvement terrible que le peuple de Paris avait dû prendre pour briser les nouveaux fers qu'on lui préparait avec tant d'art aurait-il pu être arrêté dans le court espace de quelques jours? La tempête qui devait épurer l'atmosphère de la France avait soulevé les passions à une trop grande profondeur pour que le calme pût renaître si tôt... Les glaives ne se promenaient pas au hasard, et les victimes les plus connues attestent qu'on cherchait ceux qui avaient voulu frapper eux-mêmes d'un coup mortel la liberté et les lois d'une grande nation : ce trait, et c'est celui qui domine, est celui qui imprima leur vraï caractère à ces journées qui ont été des prolongations du combat de la liberté avec le despotisme*. Est-ce clair? cela peut-il s'expliquer mieux que par le sens littéral?

Napoléon, qui voulait tout confondre, tout amalgamer, appela Garat au sénat conservateur. Garat, qui peu de temps auparavant avait écrit contre La Harpe pour prouver la préférence que méritait la qualification de *citoyen* sur celle de *monsieur*, se laissa faire comte, s'inféoda complètement, abjurant, dans son intérêt, ses vieilles maximes. Après avoir clabaudé contre les ordres de chevalerie, il devint commandeur de la légion d'honneur. Le calomniateur de Louis XVI se fit le panégyriste de Napoléon. Tombé en disgrace par suite de son impiété religieuse, il vota, en 1814, la déchéance de son bienfaiteur; mais les Bourbons ne voulurent pas de lui, Napoléon non plus ne le reprit pas à son service; dès lors il tomba dans une obscurité dont il n'est plus sorti.

Son neveu, le chanteur, était bien loin de lui ressembler. Celui-ci montra toujours un noble caractère; comblé des bontés de Marie-Antoinette, il lui voua une reconnaissance que même, sous l'empire, il n'a pas démentie. Troubadour généreux, il chanta l'infortune quand le crime triomphait ; et, sous la puissance même de Napoléon, ses romances attestèrent son amour pour les Bourbons. Les fers, des privations de traitement, le rendirent confesseur de la plus sainte cause. J'aime à rendre justice à ces hommes légers en apparence, et qui ont montré tant de magnanimité. A la restauration, Garat eut une place de professeur au Conservatoire et une pension ; mais il était habitué à dépenser beaucoup et sans compter ; à l'apogée de son talent, il gagnait si facilement cent louis et plus pour chanter un air et un duo dans un concert ! Je ne me rappelle pas bien l'époque de sa mort, mais elle précéda de plusieurs années la révolution de juillet. Je crois qu'il mourut en 1825.

N'ayant jamais eu aucune relation avec Garat-Maïa, je n'ai rien à en dire ; quant au dernier, Fabry-Garat, tous ses efforts ont toujours tendu à se faire le sosie de son frère ; il chante aussi, moins bien sans doute, mais fort agréablement et avec beaucoup de goût ; c'est d'ailleurs un homme de mérite, cher à ses nombreux amis qui estiment encore plus son caractère aimable que ses productions gracieuses, spirituelles et empreintes d'un vrai cachet d'imagination et de mélodie; mais on peut dire qu'il est toujours resté le cadet dans les deux choses opposées qui ont mis si fort à la mode le grand Garat; il ne put jamais l'égaler, ni en musique, ni en ridicule, malgré son affectation à exagérer toutes les mouvantes bizarreries de la mode.

Fabry-Garat était à la soirée dont j'ai précédemment parlé, chez son oncle Lambert. J'y vis aussi, ce jour-là, le compositeur qui, selon moi, a le plus approché de Grétry. C'était le bon, l'excellent chevalier Daleyrac, gentilhomme toulousain. De quels succès n'a-t-il pas joui? comme l'on aimait ses chants si gais, si harmonieux, si simples, si bien adaptés au talent des acteurs! Le public retenait tous ses airs, ils devenaient vaudevilles. Étions-nous donc des Midas, quand nous applaudissions si franchement *Nina*, *Renaud d'Ast*, *Maison à vendre*, *Camille ou le Souterrain*, *Gulnare*, *Adolphe et Clara*, et tant d'autres ouvrages. Daleyrac, simple, sincère, sans prétentions, se dérobait à sa gloire. Il était, hélas! dès cette époque, attaqué de la maladie cruelle qui l'emporta; sa gaîté naturelle en souffrait; il disait mélancoliquement : « J'ai trop travaillé pour les autres; j'aurais dû me faire un *de profundis* et une messe de morts pour illustrer mon enterrement, et en finir avec de la musique. »

Nous l'écoutions, peinés de cette sombre pensée; nous voyions que sa prévision n'était que trop bien fondée; il lui restait peu de temps à passer parmi nous. En effet, le 27 novembre 1809, il nous quitta sans retour; ses dernières paroles furent chrétiennes et il dit à un de ses amis qu'il savait penser autrement que lui :

« Je ne sais comment vous ferez à votre dernier jour; quant à moi ma croyance et l'espoir me rendent tranquille; il ne m'en a rien coûté de croire, et j'y gagne la paix de ce moment suprême. Ah! que l'incertitude de l'esprit sur son avenir doit être cruelle; songez-y! »

Daleyrac, pétillant de vivacité et d'esprit, n'avait jamais pu se défaire de son accent méridional qui n'était point sans agrément dans sa bouche. Homme du grand monde, il ne se faisait pas à tous ses usages ; il savait tirer l'épée et s'en servir à propos, quand la circonstance l'exigeait; je l'ai vu sortir galamment de plusieurs rencontres périlleuses, toujours avec calme et honneur.

A propos de la musique religieuse qu'il regrettait de n'avoir pas composée pour son service funèbre, je me souviens de lui avoir entendu raconter un jour une anecdote fort étrange et que je placerai ici pour les lecteurs amoureux du merveilleux. C'était chez Méhul, son rival, et encore plus son ami.

«Dans une petite ville du Languedoc, nous dit Daleyrac, une maison bourgeoise s'élevait tout contre le cimetière de la paroisse. Là, vint habiter un vieux militaire, homme de vertu et de probité, amateur passionné de la musique; cet honnête particulier, entraîné par son goût pour la mélodie, s'entendit avec le curé et se résolut à établir chez lui une école de musique religieuse; on n'y entendait chanter que les louanges du

Seigneur, et souvent les élèves, le professeur, le curé et d'autres pieux amateurs prolongeaient, durant une partie de la nuit, leurs chants sacrés.

« Depuis que cette coutume s'était établie, le militaire, lorsqu'il se trouvait seul après le départ de ses hôtes et lorsque les élèves étaient plongés dans le sommeil, entendait autour de lui des bruits indécis, des rumeurs sourdes, comme des plaintes vagues ; en un mot, une agitation surnaturelle, tout en dehors de ce qui frappait les sens. Il y faisait peu d'attention ; homme de religion, de piété profonde, il mettait sa confiance en Dieu et s'en trouvait bien.

« Il couchait au rez-de-chaussée de sa maison, dans une chambre qu'un corridor de peu de largeur séparait de la rue ; son lit était d'ailleurs près de la porte. Cette description des localités est nécessaire pour l'intelligence de la suite ; j'ajouterai que les jeunes musiciens habitaient le premier étage.

« Une nuit, il venait de fermer lui-même, avec

un soin particulier, la porte de la rue, à double tour; puis les battans furent assujettis au moyen de quatre verroux; enfin, deux énormes barres de fer venant s'emboîter dans les deux montans au moyen d'une rainure creusée dans la pierre, complétèrent son système de défense; il ne confiait à nul autre le soin de poser ses barricades.

« Il était donc rentré dans sa chambre, avait fait sa dernière prière du soir, et se préparait à se déshabiller, lorsqu'il entendit frapper trois coups à la porte principale; cependant ces coups semblaient être donnés avec précaution et comme par une main légère et méthodique. Surpris de cette manière inusitée de frapper et qui lui rappelait indirectement la franc-maçonnerie, ne se ressouvenant d'ailleurs pas qu'il avait placé des barrières, et que, plutôt que de franchir la porte, il faudrait démolir la maison; il dit machinalement: « Entrez! » Aussitôt il entend soulever un loquet; non pas celui de la porte extérieure; mais le loquet de sa chambre...... Il tressaille; et saisit par l'effet d'un vieil instinct militaire, un fusil à deux coups appuyé contre son fauteuil; il se lève et voit entrer un individu d'une taille moyenne, vêtu simplement, ayant la tête nue et les cheveux en désordre; ses traits réguliers expriment néanmoins quelque chose de railleur, de faux et de farouche; ses yeux fauves brillent d'autant plus, qu'ils sont dépourvus de sourcils et de cils, ce qui donnait une expression étrange à sa physionomie; cette apparition produit chez l'amateur de musique un frémissement extraordinaire et en même temps il sent une odeur insupportable répandue dans toute la pièce. A peine il a fait un pas vers le visiteur que celui-ci lui dit : — « Me voici, puisqu'on m'a permis d'entrer. — « Halte-là! s'écrie le militaire en armant son fusil; si tu n'es pas seul, malheur à toi et à tes camarades! — « Je suis seul et sans armes; ton accueil m'étonne. Ne m'as-tu pas dit : Entrez? — « Oui, mais par où es-tu venu? j'avais si bien pris mes précautions! » Tes précautions t'ont trompé, un simple bouton ferme tes portes au dehors et en dedans.

— « C'est impossible!

— « Cela est ; va voir.

— « Que veux-tu ? demanda le militaire, sous l'empire d'une impression indéfinissable.

« Cependant il ne pensait plus à la possibilité d'une attaque nocturne par des voleurs, sans néanmoins comprendre comment cet homme avait pu pénétrer chez lui.

— « Ce n'est pas en ennemi que je viens, lui répondit l'inconnu ; cependant je dois t'avouer que nous sommes plusieurs à qui tu es insupportable, plusieurs dont tu troubles le repos, dont tu augmentes la souffrance.... On m'a choisi pour venir m'entendre avec toi.

— « Qui es-tu donc ? je te le demande pour la seconde fois ; tâche de ne pas te le faire demander une troisième, et prends garde à ta réponse, car.... En ce moment, il fit retentir son fusil entre ses mains. L'inconnu sourit, mais d'un rire diabolique, et dit :

— « Regarde ton arme, avant de faire une menace inutile. — Le militaire y porta un regard rapide ; la pierre à feu s'en était détachée, et le chien n'y tenait plus.

« Malgré sa bravoure, il frémit; et son interlocuteur poursuivant :

— « Que t'importe qui je sois? dit-il. D'ailleurs, qui es-tu toi-même? pourrais-tu le dire? t'es-tu interrogé? as-tu cherché au fond de ton cœur tout ce qu'il renferme de contrastes? et qui se connaît bien? Rappelle-toi la paille et la poutre de celui dont tu respectes la loi.

— « Eh bien! que voulez-vous ?

— « A la bonne heure, voilà une parole sage. Que t'importe, en effet, qui je sois? l'essentiel est que tu saches ce que je veux.

— « Je t'ai déjà dit que nous étions plusieurs que ton séjour dans cette maison afflige et tourmente; nous pourrions avoir recours à la force pour t'en faire sortir, mais ce moyen nous répugne ; nous aimons mieux traiter avec toi, et t'offrir un dédommagement. Déjà nous t'avons fait parvenir nos plaintes; elles se sont manifestéespar des sons de deuil qui auraient dû frapper ton oreille, mais tu n'as pas voulu les entendre. Il a donc fallu venir à toi directement. Voyons! quelle somme veux-tu? Ne crains point d'en demander une considérable, et dis en quelle monnaie tu veux qu'elle te soit comptée; le paiement ne se fera pas attendre.

« Surpris, au dernier point, de la bizarrerie de pareilles offres, et poussé aussi par un mouvement de curiosité bien naturel, il répondit qu'il ne pouvait traiter ainsi d'une pareille affaire avec un inconnu.

—« Ah! ah!... la maison, combien vaut-elle? deux ou trois mille francs au plus. En veux-tu dix mille? —« Non.—« Vingt mille? —« Non. — «Trente mille?—« Non.— « Voyons encore une fois. En veux-tu cent mille francs?

« Le tenace propriétaire rejette cette nouvelle et séduisante proposition comme il avait rejeté les autres, en assurant toutefois que, s'il se déterminait à vendre sa maison, il n'en voudrait point recevoir un prix aussi exorbitant. Une somme de vingt mille francs suffirait, et au-delà, à son ambition; mais, dans tous les cas, il exigerait le temps nécessaire pour consulter son curé, et qu'ensuite le marché fût conclu au domicile des acquéreurs.

« L'inconnu, le voyant intraitable, lui dit :

— « J'aurais préféré que l'affaire se fût traitée comme elle devrait l'être entre bons voisins, de confiance; tu t'en serais mieux trouvé; mais puisque tu n'es pas raisonnable, qu'il en soit selon ta volonté. Demain matin, cause avec M. le curé, et, à la première heure de nuit, je viendrai te prendre; oseras-tu me suivre ?

— « Pardieu! jusqu'aux enfers.

— « Hé bien, sois exact. Je le serai de mon côté.

« Il fit un mouvement pour s'approcher de la porte, puis, revenant sur ses pas :

— « Dis à M. le curé que, s'il te conseille de traiter avec nous, les quatre-vingt mille livres que tu refuses deviendront la propriété de son église : on les versera au tronc.

« Puis il sortit aussi rapidement qu'il était entré.

« Le premier mouvement du pieux militaire fut de se mettre à genoux, et de prier Dieu. Ensuite, s'étant muni de sa lampe, il visita le corridor, les salles du rez-de-chaussée, où il ne remarqua rien d'extraordinaire; mais, arrivé à la porte qu'il avait fermée lui-même en dedans, avec tant de précautions, il dut reconnaître qu'une autre main que la sienne avait soulevé les énormes barres, et fait jouer les quatre verroux.

« Qui donc avait pu s'introduire? qui avait démonté entre ses mains la batterie de son fusil?... ce ne pouvait être une créature humaine....

« Lorsqu'il eut tout remis en place, il se détermina à se coucher; mais son sommeil fut constamment agité; de lugubres visions le tourmentèrent; il lui sembla que tous les morts enterrés dans le cimetière, contre lequel sa maison était adossée, l'enlevaient dans leurs mains totalement décharnées, et allaient le déposer à une longue distance. Ensuite, ils revenaient vers lui, l'accablaient d'injures et d'imprécations menaçantes. Il reconnut parmi eux l'homme qui lui avait parlé.

«Ces terreurs de la nuit se prolongèrent jusqu'à l'aube du jour. A peine ses yeux en entrevirent la clarté, que le militaire se leva et se rendit en hâte chez son curé.

—«Qui vous amène de si bonne heure? dit le pasteur sans surprise, mais comme s'il eût été lui-même sous l'empire de la même terreur que son voisin. Vous serait-il arrivé la même chose qu'à moi? mon rêve ne serait-il donc pas un rêve?

«Cette nuit, dormant, comme à l'ordinaire, dans mon lit, je fus réveillé par un assez grand bruit que j'entendis à la porte du presbytère. Encore tout endormi, je répondis machinalement: Entrez. Aussitôt, je vis un homme, éclairé par une lumière qui ressemblait à la clarté de la lune, et cependant, cette nuit, la lune n'était pas sur l'horizon. Enfin, le bon pasteur raconta les détails d'une vision qui coïncidait, en beaucoup de points, avec celle du militaire.

« Celui-ci alors raconta au curé tout ce qui lui était arrivé, tout ce qu'il avait vu, entendu, sans omettre la moindre circonstance, et par conséquent celles qui se rapportaient aux vingt mille francs, pour prix de sa maison, et aux quatre-vingt mille francs destinés au tronc de l'église. Tous deux restèrent confondus en présence l'un de l'autre, comme Œdipe et Jocaste après leur mutuelle confidence, et, par un mouvement spontané, ils se rendirent à l'église.

« Cependant, ils ne se quittèrent point de la journée, préoccupés qu'ils étaient d'un événement aussi extraordinaire. Après de longs commentaires, ils convinrent qu'il fallait pousser l'aventure jusqu'à la fin, pour sortir d'un doute aussi accablant. L'ancien militaire, confiant dans son courage, ne demanda pas mieux; seulement il se fortifia des secours divins, communia, posa sur sa poitrine une relique contenant une parcelle de la vraie croix, et, quand l'heure fut venue, se revêtit de son ancien habit de capitaine, et s'arma de ses armes mondaines. Cela fait, et son parti bien pris, il attendit de pied ferme qu'on vînt le chercher.

« Il lisait les Saintes-Écritures, et minuit sonnait déjà, lorsqu'il entendit un roulement de tonnerre, et le sifflement d'un vent impétueux; les arbres s'entrechoquaient, des éclairs rapides sillonnaient la nuit, et à cette confusion de la nature, succédèrent des voix plaintives, des gémissemens étouffés.

« L'intrépide et dévot officier avala tout d'un trait un grand verre de vin généreux, fit le signe de la croix, recommanda son ame à Dieu, prit son chapeau, marcha d'un pas assuré jusqu'à l'extrémité du corridor, et ouvrit lui-même la grande porte, n'ayant voulu se faire assister, ni par le jardinier, ni par aucun de ses élèves.

« Il était enveloppé dans son manteau pour cacher son costume militaire et ses armes. A peine eut-il fait un pas en dehors de la maison, qu'il trouva l'homme de la veille qui l'attendait, et qui aussitôt lui dit :

— « Si vous le voulez, il est inutile d'aller

plus loin, j'ai sur moi la somme convenue; je vais vous la compter; je n'ai qu'une parole. — « Marchons. — « Hé bien, oui, marchons; et s'il t'en arrive malheur, si la terreur te gagne (car si la terreur ne s'empare pas de toi, tu n'auras rien à craindre), ce sera ta faute : marchons. Un profond silence succéda à l'échange rapide de ces mots; l'inconnu passa devant, et le militaire le suivit dans une ruelle étroite qui longeait les murs du cimetière. Ils entrent dans le champ des morts par une brêche, et les voilà foulant aux pieds les tombes vieilles ou récentes. Le capitaine éprouva un moment d'hésitation, au milieu des fantômes dont bientôt l'entoura son imagination, et poursuivi par des exhalaisons cadavéreuses. Son guide s'en étant aperçu : — « Marchons donc, dit-il. Et alors le capitaine, honteux qu'on ait pu soupçonner un seul instant sa bravoure, marcha d'un pas intrépide, quoique intérieurement il eût eu plus d'une fois l'idée de rétrogader. Mais l'honneur ne lui permit pas d'écouter la voix du danger, et il brava les fantômes, comme Énée dissipait avec son glaive les ombres qui l'entouraient.

« Arrivés devant un tertre creusé en forme de tombe, le guide du capitaine s'y précipite et lui fait signe de le suivre. Le moment était décisif, cependant il ne recula pas; confiant en Dieu et en son épée, il descendit, mais avec précaution. Une porte étroite et basse laisse entrevoir un souterrain qu'il faut suivre presque en rampant, mais qui s'élargit progressivement; ils le suivent, et arrivent enfin à une caverne peu élevée, mais d'une si vaste étendue, que, dans aucun sens, l'œil n'en peut mesurer la profondeur.

« Des feux, d'une nature inconnue sur la terre, en éclairaient l'obscurité, sans dissiper totalement les ténèbres. Le guide s'arrêta, et, se retournant : — Maintenant, concluons notre marché, dit-il, et il se perdit soudainement dans l'espace. L'officier resta seul; mille conjectures funestes s'emparèrent de son esprit; mais cet état d'anxiété ne dura pas long-temps; au bout de quelques minutes, il vit venir à lui douze ou quinze figures parties de points différens, et qui s'avançaient de son côté, comme autant de rayons mobiles vers un centre commun. Leur aspect présentait une incroyable variété de costumes, depuis l'habit de chevalier du temps des Croisades, jusqu'au pourpoint de la Ligue, et l'habit du règne de Louis XV. Parmi ces figures inconnues, le capitaine en distingua une qu'il reconnut tout aussitôt. C'était un habitant de la ville, un riche bourgeois, mort seulement depuis un an et dont le fils encore actuellement était au nombre des élèves du pieux mélomane.

« Le nouveau venu, pâle, soucieux, faible, se tenait à l'écart. Son inquiétude visible augmenta dès qu'il ne put plus douter qu'on ne l'eût aperçu; cependant voyant que son ancien voisin venait à lui, il ne se retira pas en arrière. Un dialogue s'établit entre ces deux hommes si différens de position. L'homme de la terre dit à l'autre : — Où suis-je? — « Où vous avez voulu venir. — « Pourquoi tenez-vous à acquérir ma maison? — « Vous nous la rendez insupportable. — « Comment? — « Vous le saurez quand elle nous appartiendra! — « Etes-vous mort? — Vous ne le savez que trop! — « Et vous avez les apparences de la vie? — « Les mystères de la tombe surpassent votre intelligence. Mon fils est chez vous ; dites-lui qu'il aime Dieu, qu'il ne s'écarte jamais de cette sainte voie! En parlant ainsi, le fantôme ressentait une violente douleur, et ses compagnons lui lançaient des regards furieux; le militaire le vit, et aperçut en même temps deux êtres indéfinissables, tant leurs formes étaient bizarres; ils creusaient rapidement une tombe; parfois, ils levaient la tête, comme si le bruit sourd qu'on faisait au dessus d'eux, en piochant la terre supérieure, eût exercé une influence fatale sur leur travail. Le militaire allant à eux leur demanda à qui cette tombe était destinée? — « A toi, lui dirent-ils, et dans un an tu l'occuperas. Il frémit; mais son courage de chrétien, venant à son aide, il reprit: — « Je suis sous la main de Dieu; un seul cheveu de ma tête ne tombera pas sans la volonté divine.

« L'inconnu reparut alors; il portait une cassette; une feuille de parchemin, une écritoire, une plume étaient là, posés sur un sépulcre; il prit l'acte de vente, et en donna lecture. Il y était dit que N....., ancien capitaine au régiment de...., cédait à ses bons voisins sa maison d'habitation, c'est-à-dire que, bien qu'il en gardât la propriété, il s'engageait non seulement à ne plus l'habiter, mais encore à n'y loger aucune créature humaine, et cela tant que les murailles, la toiture, les pièces de charpente, les escaliers, existeraient; qu'aucune réparation d'entretien n'y serait faite, et qu'on laisserait agir le temps, jusqu'à ce que le temps eût fait de la maison une place nette; qu'en retour de cette vente ainsi convenue, ses bons voisins soldaient audit sieur...., une somme de vingt mille francs en quadruples d'or d'Espagne; que, de plus, ces mêmes bons voisins, en reconnaissance des soins que le curé du lieu avait pris dans leur intérêt, accordaient à son église une autre somme de quatre-vingt mille livres en la même monnaie.

—« Où déposera-t-on l'acte? dit le capitaine, quand il eut signé, ce que firent aussi les députés des bons voisins.... —« Là...., et il indiqua la tombe qu'on avait dit lui être destinée. En effet on y jeta le parchemin, et on laissa tomber dessus quelques pelletées de terre; cela fait, le capitaine demanda à se retirer, et le riche bourgeois voulut l'accompagner; quand ils furent en route, l'homme d'en haut, dit à celui d'en bas: —«Maintenant, me direz-vous pourquoi vous avez voulu m'acheter ma maison? — Nous sommes damnés; tu chantais jour et nuit les louanges de Dieu, et nous en étions fatigués. — Ah! maudits, s'écrie l'officier, si j'eusse compris les motifs de votre insistance, j'aurais gardé ma maison. —Elle est à nous; si tu vas reprendre ton contrat, tu y laisseras la vie....—Ma vie n'est rien! s'écria le pieux catholique; et, jetant l'or qu'il avait reçu, il courut d'un pas délibéré vers la fouille où il devait retrouver le parchemin; mais alors, des cris horribles se firent entendre, des flammes remplirent la caverne où volaient des démons hideux, des fantômes non moins effroyables. Le chrétien lutta long-temps contre les prestiges, mais ils furent plus forts que lui; il se sentit emporté rapidement dans les entrailles de la terre; on le traîna ensuite devant sa maison, où, le lendemain matin, son fidèle domestique le trouva étendu, sans connaissance, tout meurtri, grièvement blessé à la tête. Quand il eut repris l'usage de ses sens, ce fut à grand'peine, qu'il put raconter ce qui lui était arrivé, et il expira en achevant ce récit lamentable. Le curé garda un silence profond sur l'espèce de part qu'il avait eue dans cette histoire surnaturelle; on remarqua seulement qu'héritier de la maison de l'officier, que celui-ci lui avait précédemment léguée par testament, il la laissa tomber en ruine, et bâtit à sa place un hôpital, où il consacra une chapelle dans laquelle on chantait sans relâche les louanges du Seigneur. »

Quand Daleyrac eut achevé de raconter cette histoire: Voilà, lui dis-je, un récit bien méridional, bien empreint de cette superstition pieuse qui, néanmoins, a tant de charmes. Je présume qu'elle passe dans votre pays pour ce qu'elle est.... Daleyrac me répondit très-sérieusement : — M. le curé était un homme d'honneur, incapable de faire un mensonge....

— Pourriez-vous alors m'expliquer comment, après la promesse qu'il avait faite de garder le silence, vous avez pu savoir.....? En ce moment, et fort heureusement peut-être pour Daleyrac, nous fûmes interrompus par un duo délicieux que chantèrent Blangini et sa sœur, et qu'accompagnèrent, avec un art admirable, madame de Montgeron, sur le piano, et la belle mademoiselle Paschal, sur la harpe. La première était une dame de qualité, habile virtuose, possédant un talent supérieur qu'entretenait son amitié avec un de nos dilettanti par excellence, parmi lesquels je ne saurais oublier le baron de Bremond, alors auditeur au conseil d'État, et qui, depuis, a été préfet dans divers départemens; c'était un musicien amateur très-distingué.

A la soirée de Lambert, se trouvait, entre autres personnages singuliers, l'archi-royaliste Armand de Rastignac, grand dévaliseur de buffets. Ce soir-là même dont je parlais tout à l'heure, notre admiration était partagée entre le frère et la sœur, au moment où nous prodiguions nos éloges aux deux habiles accompagnateurs, le duo fut interrompu par un vacarme horrible dans la pièce voisine : — Qu'est-ce? demandons-nous presque tous. — Ce n'est rien, dit un domestique qui portait des rafraîchissemens ; c'est M. de Rastignac; il n'en fait jamais d'autres. — Le fait est qu'Armand avait voulu prendre à la fois une glace, un sorbet, un verre d'orgeat, un verre de punch, des fruits et un assortiment de gâteaux ; pour vouloir trop embrasser il étreignit mal, et de là le terrible *patatras* qui avait suspendu la musique.

— Ce M. de Rastignac, demanda une dame de province, qui se trouvait là, est donc un accapareur?

— C'est un fort bon gentilhomme, beau garçon comme vous pouvez voir, fort aimé des dames, très-spirituel, mais dont l'idée fixe est de se prémunir contre les chances de disette. Je ne connais au monde que M. le cardinal Mauri qui mette aussi bien en pratique l'art du consommateur.

Quant à M. de Rastignac, je pourrais citer de lui bon nombre de traits du même genre. Je me rappelle entr'autres qu'à l'enterrement de M. de La Grange, sa douleur était telle, qu'il avait oublié de déjeuner. Le souvenir de cet oubli lui vint pendant qu'on faisait les apprêts du convoi, et il demanda qu'on lui apportât ce qui se trouverait, peu importe quoi. Dans un pareil moment les buffets sont ordinairement peu garnis. Cependant on lui servit une demi-douzaine de poires superbes, avec un petit pain. A peine eut-il mangé deux poires que le signal du départ fut donné; mais, toujours guidé par sa prévoyance accoutumée, M. de Rastignac mit les quatre autres poires dans ses poches, et il en consomma trois, tant pendant l'oraison funèbre du défunt, qu'au cimetière. Ce ne fut pas tout : il s'empara au retour d'une des voitures funèbres, s'en servit pour faire quelques visites, se fit conduire chez Beauvilliers, où il dit de l'attendre, et de là à l'Opéra. Après tant de courses et tant d'heures d'attente, le cocher des pompes funèbres demanda un pour-boire : —C'est trop juste dit M. de Rastignac, et, se souvenant à propos de la sixième poire oubliée dans sa poche : Tiens, mon ami, dit-il au cocher en la lui donnant. C'était véritablement une poire pour la soif.

Après la scène que je viens de raconter, et qui m'a rappelé cette anecdote, la réunion musicale de Lambert reçut un nombreux renfort; nous vîmes entrer Méhul avec Boïeldieu, et, peu après, Nicolo Isoard donnant le bras à Spontini, les quatre principales colonnes du temple de l'harmonie, sous l'empire. Puis vint encore le jeune Zimmermann qui débutait alors dans la carrière qu'il n'a cessé depuis de parcourir avec tant de succès. Nous vîmes aussi Paccini qui composait de si jolis airs, et le vieux Monsigny.

Ce compositeur, si rempli d'imagination et de savoir, fournissant tour à tour le précepte et l'exemple, était en guerre depuis nombre d'années avec l'Institut qui n'a voulu ni lui faire la guerre, ni lui accorder la victoire, ni recevoir la paix. Son système d'harmonie, ouvrage supérieur, périt faute d'être connu.

Parmi les artistes exécutans, nous avions Lays; il était venu entrer en lice avec Garat; mais le roi du théâtre fut vaincu dans le salon. Au milieu de ces délices, nous avions bien à subir quelques tristes compensations; il était difficile, dans une soirée musicale, d'éviter ce bon M. Mercier, chanteur intrépide, amateur infatigable au piano. Quand il s'en était une fois emparé, ce n'était pas chose facile que de lui enlever la place, lorsque surtout, s'accompagnant lui-même, il chantait avec son aigrelette voix de parfait honnête homme la romance :

> Vaillant Oldar que protège le ciel,
> Daigne sourire au jeune ménestrel.

Certes je ne voudrais point enregistrer ici les services que j'ai été assez heureux pour rendre dans ma vie; cependant je ne puis oublier que je contribuai beaucoup à faire obtenir au digne M. Mercier une place de héraut d'armes. D'ailleurs il ne m'en a jamais dû aucune reconnaissance; car, en vérité, il y avait un peu d'égoïsme de ma part dans les démarches que je fis pour lui; j'espérais qu'à force de crier : *Largesse, largesse aux chevaliers*, il se tairait; hélas! il ne cria rien, et continua de chanter comme devant.

A toutes les époques il a existé, et il existera toujours, des individus que je désignerai sous le nom de fléaux de la société. Ce ne sont pas toujours des gens dépourvus de tout mérite; mais l'excès de leur amour-propre, le besoin de se mettre en avant, en un mot, de s'imposer aux autres, les rendent tellement fatigans, tellement insupportables, qu'il faut avoir vécu dans leur compagnie pour apprécier la valeur réelle d'une bonne bête sans prétention.

La classe qui fournit le plus aux fléaux de la société est, oserai-je le dire? la classe des poètes, ou, pour parler plus juste, des versificateurs. A l'époque dont je parle, il y en avait un à Paris que l'on appelait je crois Mossé, Mosset ou Mossel. Quel homme! j'en eus un cheval fourbu, et vous allez voir comment.

Il y avait grande réunion chez la princesse Sapieha, où l'on jouait la comédie et même la tragédie. Ce soir-là on donnait *Rhadamiste et Zénobie*, et, si je ne me trompe, c'était le commandeur de Châteauneuf, fort dédaigneux de Talma, et se croyant, de la meilleure foi du monde, le seul héritier légitime de Lekain, qui devait remplir le rôle de Rhadamiste.

Mais notre terrible poète était là ; il avait en poche une idylle; cette idylle était intitulée *le Printemps*, et ce Printemps se composait de trois fois autant de vers qu'il y a de jours dans une année. Il monte sur le théâtre, le malheureux ! il tire de sa poche le terrible manuscrit ; il déroule avec une infatigable complaisance ses trésors de fleurs et de verdure; il récite six cents vers de suite, et il était à peine à la moitié du cahier ! Les acteurs, près d'entrer en scène, s'impatientaient au dernier point; tous les auditeurs se mouraient d'ennui; enfin la princesse d'Aremberg se trouva mal.

Profitant du conflit causé par cet événement, je ne perds point mon poète de vue ; je vais droit à lui et je lui conseille, de mon mieux, de vouloir bien nous réserver la dernière partie de son idylle pour après le spectacle. Il hésitait ; il voulait obstinément continuer. Cependant, sur un signe que je fis aux acteurs, ils entrèrent en scène, et j'entraînai le poète dans la coulisse.

Là il me dit d'un ton pénétré : — Monsieur, je n'avais plus que cinq cents vers. — Cinq cents vers ! répliquai-je vivement ; cela n'est point assez quand ce sont des vers comme les vôtres. N'auriez-vous pas sur vous quelqu'autre pièce. — Non, pas sur moi ; mais je viens de terminer un églogue de huit cent quarante-quatre vers. — Vous devriez nous en donner ce soir la primeur quand vous aurez fini votre idylle. — C'est que je demeure bien loin. — Prenez ma voiture. La représentation de Rhadamiste durera au moins deux bonnes heures ; vous avez plus de temps qu'il ne vous en faut.

L'espoir de lire encore treize cent cinquante vers de sa composition transporta notre poète au sommet de l'Olympe ; il accepta mon offre avec une joyeuse reconnaissance, et je courus faire appeler mon cocher et donner des ordres à mon domestique.

Je passe quelques circonstances ; voilà M. Mossé ou Mossel en voiture, se rendant à son logement, situé par bonheur à l'extrémité de la rue de Charonne. Conformément à mes instructions, mon cocher, dès en allant, lui fait faire une infinité de tours et de détours dans les faubourgs Saint-Denis et Saint-Martin; il le ramène par Notre-Dame, les Boulevards-Neufs, et lui fait successivement parcourir toutes les longues rues transversales du faubourg Saint-Germain, tant et si bien, qu'il était quatre heures du matin quand il revint à l'hôtel de la princesse Sapieha.

Qu'on se figure la position du malheureux, ainsi voituré pendant sept grandes heures, car il était parti à neuf heures. Dans la voiture il criait, il hurlait, mais le bruit des roues et du train en fer, comme on les faisait alors, ne lui permettait pas de se faire entendre, si ce n'est de mes gens, dont la consigne était d'être sourds; et puis les chevaux l'emportaient avec tant de rapidité, qu'il n'osa point s'élancer par une des portières, dans la crainte de s'exposer à se rompre le cou. J'avais en effet recommandé à mon cocher d'aller de toute la vitesse de ses chevaux, et il avait si ponctuellement exécuté mes ordres sur ce point, que j'eus, comme je l'ai dit, un cheval fourbu, grace à la manie d'un poète. Si du moins c'eût été Pégase!

Jamais, je crois, on n'a tant ri que durant cette bienheureuse soirée. Entendait-on sonner : toutes les idées se reportaient vers le poète que l'on croyait toujours voir arriver armé de ses terribles manuscrits.

Je ne sais si cette mystification lui a été profitable; mais depuis, M. Mossé, ou Mosset, ou Mossel, rompit tout commerce avec les Muses, et se fit marchand de bois, peut-être pour avoir dans ses chantiers les seuls auditeurs dignes de ses poésies.

CHAPITRE V.

Le 16 novembre 1807, Napoléon quitta Paris pour se rendre à Milan. A cette époque, la famille royale de Portugal, fuyant l'armée française, sous les ordres de Junot, depuis duc d'Abrantès, abandonna Lisbonne et les États du continent européen pour chercher un asile au Brésil. La capitale du Portugal fut occupée le 30 du même mois.

J'avais suivi Napoléon en Italie. Un soir,

j'étais à son coucher, lorsqu'il me dit de me retirer avec tout le monde; mais de ne pas m'éloigner, parce qu'il ne tarderait pas à me faire appeler. J'obéis; et, pendant quelques heures d'attente, j'eus le loisir de faire cheminer mon imagination. Constant, son premier valet de chambre, vint à moi et me pria de le suivre. Je rentrai dans la chambre de l'empereur. Napoléon était seul, debout, et tenant à la main un paquet. — Comte, me dit-il, vous n'avez pas eu un grand succès dans la mission que je vous ai confiée il y a deux ans; celle dont je vous charge aujourd'hui est une affaire conclue; vous n'aurez qu'à présider à l'exécution de ma volonté.

Quoique ce début fût peu flatteur pour mon amour-propre, je ne dis rien. Cependant il ne me paraissait pas juste de me reprocher le refus de l'empereur d'Autriche. Mais les grands sont ainsi faits; leurs agens sont toujours coupables, même lorsqu'ils sont de simples messagers. L'empereur ajouta :—Le roi d'Espagne, comme chef de la famille des Bourbons, m'a cédé, par un traité, le royaume d'Étrurie. Le roi mineur sera indemnisé plus tard, mais il est temps que cette clause s'exécute. Rendez-vous à Florence; donnez-en connaissance à la reine Marie-Louise, mais avec le plus grand mystère; il faut qu'elle en soit instruite d'avance pour qu'elle ne fasse aucune simagrée de résistance, cela pourrait engager l'Espagne à faire de vaines démonstrations. Je n'en crains rien, sans doute, mais il me convient mieux d'éviter le bruit. D'ailleurs, Marie-Louise vous connaît; elle aimera mieux recevoir de vous cette nouvelle que d'un étranger.

Chaque mot de Napoléon m'entrait douloureusement dans le cœur. C'était pour moi un supplice affreux de penser au message dont j'étais chargé auprès d'une femme, d'une reine dont l'ambition s'était bercée d'un rêve si opposé à ce qu'elle allait apprendre de ma bouche. Comment lui dire qu'elle était dépossédée de sa couronne; qu'après avoir joui des honneurs royaux elle descendrait au rang d'une simple princesse. Si, d'ailleurs, les premiers mots de l'empereur m'affligèrent, ils ne me surprirent point, car ils me remirent en lumière la conférence dont ma sotte jalousie m'avait rendu témoin, entre Fouché et l'Espagnol Esquierdo.

A l'occasion de ce complot diplomatique, car je ne saurais lui donner un autre nom, je dois avouer que, par quelques insinuations indirectes, j'en avais fait informer le chevalier de Cornu, afin qu'il préparât la reine au cruel événement qui me sembla dès lors la menacer.

Le chevalier lui écrivit donc afin de lui faire pressentir, mais avec précaution, le changement probable des dispositions de Napoléon à son égard; mais la reine, aveuglée, prit le change, et lui répondit en ces termes :

« Je te remercie, chevalier de Cornu, de l'avis important que tu m'as transmis; il m'aurait alarmée s'il ne m'eût paru invraisemblable. Peut-on admettre que l'empereur des Français, ce grand homme, le premier entre tous les monarques, détruirait son propre ouvrage. C'est sa volonté seule qui a créé mon royaume; il m'a juré cent fois que mes intérêts, ceux de mon fils, lui sont chers comme ceux de sa famille. Naguère encore, lorsque les Anglais sont venus me tenir le même langage que toi, je lui ai dénoncé cette inculpation; il m'a répondu, de sa propre main, que, tant que la couronne impériale serait sur sa tête, la couronne royale ne tomberait pas de mon front; puis-je douter de sa parole? N'est-ce pas un bruit mensonger? La personne dont tu le tiens est, ou trompée, ou mal intentionnée; méfie-t'en.

« Avant de te répondre, j'ai écrit, à ce sujet, au roi, mon très-cher père; il m'a répondu que je me moquais de lui; la reine, ma très-chère mère, a tenu le même langage; sois donc tranquille. Je n'en apprécie pas moins ton dévoûment; sois certain de mon affection, etc. »

Ainsi cette reine, trahie de toutes parts, soupçonnait la seule personne qui lui dît la vérité. Je dois faire observer ici que l'habitude de la famille royale d'Espagne est de tutoyer tous ceux qui l'approchent; c'est une règle de son étiquette. Le chevalier, en me donnant copie de la lettre, se réjouit de ne m'avoir pas nommé;

et moi, au moment de remplir un aussi pénible message, j'eus la triste satisfaction de montrer à cette malheureuse princesse combien j'étais mieux instruit qu'elle ne le croyait.

Porteur des ordres de Napoléon, je me mis en route ; la promptitude avec laquelle je fus servi par les postes du royaume d'Italie, du duché de Parme et de la Toscane fut telle, que je ne mis que vingt-deux heures pour me rendre à Florence. Je descendis, à mon arrivée, à la fameuse hôtellerie de Schneider où la moitié de l'Europe voyageuse est venue loger tour à tour.

La rapidité de ma course m'ayant horriblement fatigué, d'autant plus que je ne m'étais point couché la nuit qui précéda mon départ, j'éprouvai l'impérieux besoin de prendre quelques heures de repos avant de me rendre au palais de la reine. Je me couchai donc, dans l'espoir de dormir la grasse matinée ; mais j'avais, comme on dit, compté sans mon hôte.

Je reposais à peine depuis deux heures, lorsqu'on frappa violemment à la porte de ma chambre....... Éveillé en sursaut, je me lève, je vais ouvrir; un monsieur se présente, me décline son nom; c'était le signor Joseph Guisti, ministre de la police; il me demande si je ne suis pas un envoyé extraordinaire de sa majesté impériale, ou si, en venant à Florence, j'avais seulement le désir d'en admirer les curiosités.

A cette question je dus répondre en me faisant connaître; je déclarai donc que, porteur des ordres de l'empereur, j'avais une mission à remplir auprès de la reine. Ainsi il fallut me lever bon gré mal gré, faire la conduite au signor Giusti, et me rendre immédiatement au palais Pitti, résidence actuelle de la cour d'Étrurie.

Je maudis la surveillance de la police de Florence envers les étrangers; cependant, tout en grommelant contre ma privation de sommeil, je me fis conduire, l'oreille un peu basse, à la plus pénible audience où j'ai jamais assisté.

Quand j'entrai chez la reine, elle n'était pas seule; je la trouvai environnée de son conseil, composé du prince Corsini, de il signor Jules Mazzi, ministre des affaires étrangères; il cavaliere Vincente Martini, directeur de l'intérieur, le ministre de la guerre, dont le nom m'échappe, et mon conducteur, il signor Giusti, qui se joignit à eux. Quel contraste entre tous ces visages rayonnans de joie et ce qui se passait au fond de mon ame. Je compris d'abord que l'on me croyait porteur d'une proposition de mariage, soit avec le sénateur Lucien, soit même avec Napoléon. Ceci, on le croira sans peine, ajouta à l'embarras de ma situation. Je maudis mille fois le barbare caprice de Napoléon de m'avoir choisi entre tant de gens qui auraient été heureux de remplir un message dont j'étais désespéré. Je ne pus jamais me résoudre à parler devant ces messieurs, et à changer subitement leur allégresse en une consternation profonde. Ce fut seulement lorsque j'eus été admis aux honneurs du baise-main que je fis connaître que la volonté expresse de l'empereur était que je parlasse d'abord à la reine seule. Ces paroles rembrunirent les fronts; on s'entre-regarda; mais la curiosité royale fut poussée au plus haut point. Sa Majesté, d'un signe, renvoya le conseil, et ne garda même pas avec elle la camera mayor.

Un peu moins chagrin, et surtout prodigieusement embarrassé, je déroulai par degré devant Marie-Louise le traité barbare et usurpateur qui la détrônait, ainsi que son fils. Oh! que le cœur aurait été cruel qui n'eût pas été brisé devant le tableau de la douleur profonde dont je fus témoin. La princesse ne put d'abord ni parler, ni pleurer, ni même pousser un soupir. Transie et brûlante tout à la fois, pâle, immobile de colère et d'humiliation, une de ses mains serrait convulsivement le bras de son fauteuil, et de l'autre elle froissait l'étoffe de son vêtement; elle se déchira la chair à un tel point, que je vis un jet de son sang couler jusque sur le plancher.

Effrayé à cette vue, je n'osai toutefois appeler du secours sans l'autorisation de la reine; à un geste que je fis, elle comprit sans doute ma perplexité; car, rompant le silence qu'elle avait gardé jusque-là : — N'appelez pas, me dit-elle vivement. Je cherchai donc à lui porter secours moi-même; je pris sur un meuble un verre que je remplis d'eau, de sucre et de fleur d'oranger, et je le lui présentai à genoux.

— Oh ! lève-toi ! lève-toi ! ! dit-elle d'une voix étouffée ; je ne suis pas reine ; je suis moins qu'une femme vulgaire.

Elle essaya de boire, mais ses lèvres étaient tellement serrées, qu'elle ne le put pas, et le verre, lui tombant des mains, se brisa avec fracas sur le parquet. A ce bruit plusieurs portes s'ouvrirent simultanément ; à l'une parut la camera mayor ; à l'autre une simple femme de chambre ordinaire ; tout le conseil à une troisième ; des officiers du palais à une autre......... — Sortez tous, sortez tous ! ! ! cria-t-elle ; que personne n'entre ici sans que je l'appelle........ Puis, par réflexion....... — Viens, toi, dit-elle en désignant la simple camériste.

Tout le monde se retira ; et Dieu sait ce que l'on dut penser !...

La femme de chambre, autorisée seule à rester, était une véritable maya espagnole par son costume, ses manières et sa grace naturelle. Elle se jeta aux genoux de la reine, et, par des paroles tendres, affectueuses, essaya de la calmer. Quant à moi, croyant le moment favorable.....

— Madame, dis-je, si Votre Majesté avait accordé plus de confiance aux révélations du chevalier de Cornn.....

—Que dis-tu?... en savais-tu quelque chose?...

Mes regards s'attachèrent sur la jeune fille.

— Oh! parle; elle, c'est moi, et mieux que moi. Thérésina, pour me sauver la vie, jette-toi par cette fenêtre!....

Je ne comprenais rien à cet ordre qui semblait dicté par la démence; mais la pauvre petite s'était relevée des genoux de sa souveraine, puis élancée à travers la chambre, et déjà ouvrait la croisée, après avoir fait le signe de la croix. Je n'eus que le temps de la retenir par sa robe, et elle se débattait, quand la reine lui dit:

— Oh! Thérésina, cet homme-là se méfiait de toi.

Quelle éloquence il y eut dans les yeux de l'Espagnole, et comme ce dédain superbe de la reine m'humilia! Marie-Louise la baisa au front, et, comme si l'effet de cette scène rapide l'eût soulagée, elle se leva, tira de son sein un flacon formé d'une seule émeraude et attaché par une chaîne de Venise, l'ouvrit avec précaution, en huma deux gouttes.... Je la vis soudain redevenir calme, et, prenant alors la parole :

— Ainsi de Cornn avait dit la vérité!.... Folle que j'étais de croire à la parole de l'assassin de ma famille! il est vrai que, lorsque j'ai vu mon pauvre frère arrêté, je me suis repentie d'avoir été aussi crédule.

Mais non, tu me trompes, tu te joues de moi; conviens-en. Ton empereur ne veut pas tyranniser une veuve, un enfant, la fille de son ami, celle dont lui-même a édifié le trône.

Pour toute réponse, et il m'eût été bien difficile d'en faire une autre qui s'accordât avec mon devoir et mes sentimens, je lui présentai les fatales dépêches de l'empereur; elle les prit, les examina.........

— Je ne saurais lire, me dit-elle; fais-en toi-même la lecture.

Elle me les rendit; je les lus tout haut, et je fus tellement frappé de leur contenu, que je crois pouvoir garantir l'exactitude de ma mémoire. Voici donc comment s'exprimait l'empereur dans sa lettre.

« Madame ma sœur,

« Sa Majesté le roi d'Espagne et des Indes, vo-
« tre auguste père, a traité avec moi pour le
« plus grand avantage de sa famille, pour l'inté-
« rêt particulier de Votre Majesté et de S. A. R.
« l'infant, votre fils. De nouveaux États, plus rap-
« prochés de ceux de vos parens, vous sont desti-
« nés; ils équivalent à ceux que vous possédez
« maintenant. *Mon affection paternelle* les aug-
« mentera en considération de votre obéissance
« filiale envers moi. Successeur de Charlemagne,
« je suis le tuteur naturel des rois qui relèvent de
« ma *grande couronne*. Que de mauvais avis
« ne vous portent à aucune démarche dont nos
« ennemis communs auraient à se glorifier. Mal-
« heur à qui vous empêcherait de suivre les con-
« seils de votre sagesse naturelle et vous enlè-

« verait pour vous conduire hors de l'Italie! « Malheur au port où vous vous seriez embar- « quée! Le devoir des rois est de céder à la né- « cessité; c'est une vertu. Choisissez donc entre « mon amitié protectrice et ce que, en cas de dés- « obéissance, pourrait me conseiller une justice « inflexible. Dieu m'a choisi pour fonder un nou- « vel équilibre en Europe; me résister ce serait « lui désobéir. La présente n'étant à autre fin, « je prie Dieu qu'il vous ait, Madame ma sœur « et reine, en sa sainte et digne garde.

« NAPOLÉON. »

Que de sentimens divers, douloureux, insaisissables peuvent passer en peu d'instans dans l'ame d'une femme outragée! Mes yeux se portaient alternativement, et sur la dépêche que je lisais, et sur le visage de la reine qui m'écoutait. Je la vis pâlir et rougir, je la vis anéantie tour à tour et exaltée pendant le supplice de cette lecture; mais, comme si elle se fût réveillée après un horrible cauchemar, je la trouvai plus calme lorsque j'eus fini. Elle n'avait plus d'espoir: convaincue de l'impossibilité de la résistance, sa colère était tombée, et elle ne répondit que par des larmes aux sanglots de la caméριste.

— Où m'envoie-t-il? me demanda-t-elle avec une expression de résignation vraiment angélique. Je n'osai pas le lui dire. Je lui demandai alors si elle ne jugerait pas convenable d'assembler son conseil? Sur cette question elle dit à Thérésina d'aller quérir le prince Corsini et les ministres de l'intérieur et de la justice. Cet ordre donné, je fis un mouvement comme pour me retirer.

— Non, Monsieur, restez, dit-elle, je veux que vous soyez témoin de la manière dont j'exécute les ordres de mon tuteur impérial.

La simplicité avec laquelle elle prononça ces paroles n'était pas sans affectation; il y avait même une ironie mordante que, dans toute autre circonstance, j'aurais dû relever; mais je pensai que mon devoir était avant tout de respecter sa profonde affliction.

Les ministres que la reine venait de faire appeler parurent peu après. Quel changement je lus sur leur visage! Tous, en entrant avaient été frappés de l'espèce de désordre qui régnait dans l'appartement; des papiers étaient épars sur le plancher ou sur un tabouret; le désespoir empreint dans toute la personne de sa majesté leur faisait tout craindre, sans qu'ils pussent soupçonner la vérité. Comment, en effet, l'aurait-on pu supposer à cause même de son injustice atroce et de la barbarie despotique qui l'avait dictée?

—Messieurs, dit la reine d'une voix tremblante, mon second père, S. M. l'empereur des Français destine à mon fils et à moi d'autres États... Je ne suis plus votre reine, je vais régner ailleurs, où il voudra. Le roi, mon père, accède à cette détermination; un traité dont je reçois la première communication me sépare de mon peuple, vous délie de vos sermens; je ne suis désormais ici que le mandataire provisoire de l'empereur Napoléon. A qui vous réserve-t-il? je l'ignore; puisse mon successeur être plus heureux que moi et faire, comme je l'aurais désiré, le bonheur de votre pays! Mon fils et moi, nous nous ressouviendrons toujours de vous.

Chacun de ces mots, prononcés avec une majesté inexprimable, avec un abandon résigné à la volonté de la Providence, tombait en traits acérés sur ces messieurs et m'atteignait moi-même. Un autre avenir allait leur présenter des chances différentes, mais la probabilité n'était pas pour qu'ils gagnassent au changement.

Les ministres de Marie-Louise étaient des hommes dévoués à leur souveraine, excellente princesse. Ils voyaient les formes gouvernementales françaises près de révolutionner la Toscane; la noblesse y serait abolie, le clergé perdrait ses priviléges, on fermerait les couvens; une nuée d'étrangers viendrait pressurer le peuple. Mais le nom magique de Napoléon planait par dessus toutes ces idées; il portait avec lui la terreur et la frayeur qu'il inspirait, imposait un silence absolu, une soumission aveugle.

Je ne voulus pas prolonger ma présence parmi des personnes qui avaient à se concerter sur une multitude de points; après avoir pris la liberté de recommander à la reine une discrétion entière sur le traité que je lui avais remis, jusqu'au moment de son exécution, je retournai chez Schneider, où je n'eus plus envie de dormir.

A l'entrée de la nuit, une jolie fille, donnant le bras à son frère, le plus ravissant *mayo* de toutes les Espagnes, pénétra dans ma chambre.

— Elle te mande, me dit Thérésina. Viens seul sans habit de cour, je t'introduirai.

Je suivis ce charmant guide. Une voiture aux armes du prince Corsini nous abrégea le chemin; elle s'arrêta devant une porte du jardin du palais : on nous l'ouvrit; Thérésina et Pablo, son digne frère, se dirigèrent vers la grotte fameuse de ce jardin enchanté, que l'on appelle Boboli. Là, je dus attendre, en la compagnie du beau et sombre Espagnol; il était muet. Mais que son silence avait de l'expression; je souffrais des regards passionnés qu'il jetait sur moi; je suivais avec inquiétude les mouvemens involontaires qui parfois rapprochaient sa main du poignard caché dans sa ceinture; parfois aussi il se mordait les lèvres jusqu'à en faire jaillir le sang, il allait et venait continuellement. Mais bientôt, ne pouvant se vaincre plus long-temps, il vint droit à moi, se posa immobile comme une statue et beau comme un modèle antique; alors, rompant le silence, il me dit en assez mauvais italien :

— Oh! si Dieu voulait que tu fusses Napoléon, elle serait déjà vengée !... *mà patienza*.

Je cherchai à le calmer dans l'intérêt de la reine;... mais lui, secouant la tête, il répétait *patienza ! patienza !* c'était une menace de mort. Un bruit de pas se fit entendre; l'Espagnol tomba à genoux; ses traits radoucis prirent une expression si céleste, si éloquente, que je n'osai m'arrêter aux conjectures que je formai malgré moi.

La reine parut. Thérésina demeura en dehors de la petite grotte, Pablo en dedans, mais dans son humble posture. La reine me dit :

— J'ai voulu te voir et te consulter ; on me propose de passer en Sicile : qu'en penses-tu ?

— Eh Madame, quel fardeau Votre Majesté m'impose; sujet, officier mandataire de sa majesté impériale et royale, pourrais-je vous conseiller autre chose que la soumission?

— Va sur mer, murmura Pablo, ton sago et Nostra donna de Mansuratti te conduiront à bon port.

— Sur une terre hérétique, en Angleterre, là où l'on renie le pape?

— Oh! si c'était vrai! s'écria en se signant le pieux Espagnol.

— C'est vrai, dit la reine.

— Hé bien, va en enfer; Napoléon n'y rentrera pas de si tôt.

— Ne pourrai-je donc aller en Sicile; ma famille est là aussi?

— Madame, par cette démarche vous perdrez une couronne.

— Laquelle? Tu ne vois pas qu'il veut détrôner tous les Bourbons; il les chasse de Naples, de Lisbonne, de Toscane : l'Espagne aura son tour.

— Où vous embarquerez-vous? à Livourne?..

—Livourne sera incendiée. Qui sait même si votre autorité n'y est pas déjà méconnue. Pour tous ceux qui favoriseront votre fuite, les fers, l'exil ou la mort!

— Oh! Demonio! dit l'irrascible enfant de l'Andalousie.

— Tais-toi, Pablo!... Ce bon garçon, me dit la reine, ne sait qu'aimer.

— Je m'en suis aperçu, répliquais-je. La reine rougit; je fus fâché d'avoir parlé.

— Qu'importe ma personne à l'empereur, pourvu que la Toscane lui reste.

— Oui, pars, pars, je t'emmènerai en Amérique; je crierai voilà votre reine, et on te couronnera.

— Tu ferais de moi une usurpatrice! le beau rôle, Pablo! L'Étrurie me manque; je ne veux plus régner que sur le cœur de mes amis.

Pablo rougit à son tour; sa beauté me parut divine.

— Crois-tu, me demanda alors la reine, que je ne ferais pas bien de l'aller trouver à Milan ?

— J'ai l'ordre d'en empêcher Votre Majesté. L'intention de l'empereur est que vous ne quittiez Florence qu'après votre abdication.

Sur un signe de la reine, Pablo et sa sœur nous laissèrent seuls dans la grotte qu'éclairaient quelques bougies placées dans des lanternes de cristal. Plus libre alors, sa majesté m'avoua qu'on cherchait à la déterminer à se soustraire au pouvoir de Napoléon. Le cabinet de Londres, dans ce moment, lui offrait un brillant incognito en Angleterre ou en Sicile ; ou bien la souveraineté de Cuba, ou du Mexique, du Pérou, des îles Philippines, enfin d'un royaume à son choix, pris parmi toutes les possessions espagnoles, dans l'un ou dans l'autre monde, et avec cela un trésor, une flotte, une armée. La proposition était séduisante, mais la crainte de Napoléon était toujours là.

La pauvre reine redoutait la colère impériale, lors même qu'elle serait hors de ses atteintes : c'était une véritable fascination. Je m'attachai à la maintenir dans cette disposition et lui démontrai l'impossibilité de fuir, circonvenue comme elle l'était par nos troupes. Pour ajouter à mes moyens de persuasion, je lui fis entrevoir qu'elle pourrait être appelée à régner sur le Portugal; je lui vantai Lisbonne, son climat, la sociabilité de ses habitans, la fertilité de cette terre si rapprochée de Cadix, de sa patrie. Je l'emportai ainsi sur les insinuations étrangères, et, charmé d'avoir enlevé à nos éternels ennemis ce nouveau brandon de discorde, je me hâtai de quitter Florence, et de revenir à Milan.

Ma mine triomphante amusa l'empereur. Je lui contai tout ce que je pouvais lui dire sans me compromettre, il me dit alors :

— Vous m'avez rendu service; je ne l'oublierai pas.

Je dois dire que sa mémoire fut fidèle et que je n'ai pas à me plaindre de la reconnaissance de Napoléon.

Pendant ce voyage en Lombardie, je vis le poète Monti, le peintre Appiani, Serbelloni,

Dandolo et plusieurs autres Italiens célèbres; j'obtins un congé pour voyager dans la basse Italie, pour visiter Rome, Naples; ces terres sacrées et dont je conservais un si doux souvenir!

Quand je pris congé de l'empereur, il me dit :

—J'ai envie de vous attacher en qualité de majordôme général à la reine d'Étrurie.

— Ce serait sans doute un poste digne d'envie, mais qui ne me dédommagerait point du bonheur de servir la personne de Votre Majesté.

— Parole de courtisan. Et ses doigts effleuraient mon oreille. Cette faveur me fit rougir; il s'en aperçut.

— N'est-ce pas que, dans le faubourg Saint-Germain, on vous a demandé souvent combien de fois je vous avais pincé, souffleté, tiré par les cheveux ou donné des coups de pieds.

— Ah! Sire.

—Allons, soyez franc; je sais qu'on se plaît à répandre ces infamies; on a dit pis. J'attends pour me fâcher, qu'on désigne le jour où, à mon déjeuner, j'aurai mangé *Madame-Mère.* Qu'on m'accuse d'ambition, soit; d'avarice ou de prodigalité, passe; mais, que moi, qui suis sorti de Brienne, de l'école militaire, moi, artilleur, et qui, dans ma jeunesse, n'ai vu que la très-bonne compagnie, on me range parmi les polissons [1] de la rue, c'est ce que je ne peux pas concevoir. Il y a pis pourtant : ce sont ceux qui croient à ces balivernes.

—Sire, répondis-je, nul ne les admet comme réelles; la méchanceté les exploite. La conversation en resta là.

Je dirai peu de chose de mon voyage en Italie; Parme et Plaisance me plurent moins par leur position que par les monumens des arts qui les décorent; c'est là que les amateurs de peinture

[1] En passant par Vendôme, dans un de mes voyages, on m'a montré une vieille fille, très-laide et très-noble, mademoiselle de Montlibert, qui jamais, quand elle parlait de l'empereur, ne l'appelait autrement que *ce petit polisson !*

trouveront le Corrége triomphant. Je ne pouvais me lasser de contempler les œuvres divines de ces grands génies; je déplorai que le temps n'eût pas pour eux le même respect que les hommes.

Je vis avec plaisir Modène; je parcourus avec délices son territoire agréablement coupé de petits ruisseaux qui ajoutent à l'attrait du paysage; deux rivières médiocres arrosent les alentours de cette ville: le Tanaro et la Scrivia. Les maisons, presque toutes soutenues par des arcades sous lesquelles on marche à couvert, sont bien bâties; peu cependant attirent l'attention; le palais ducal a de l'apparence, et les appartemens, me dit-on, répondaient par leur somptuosité à la beauté du dehors, lorsque Modène avait une cour: ce temps était passé. Le général Bonaparte, dès l'année 1796, avait chassé de ses États le duc de Modène; et, depuis lors, cette ville avait suivi le sort de l'Italie.

On me parla beaucoup du duc Hercule Renaud; sa famille, au moment de son désastre, outre lui, était composée de sa femme, Marie-Thérèse Libo, duchesse de Massa; de ce mariage était née une seule fille, femme de l'archiduc Ferdinand d'Autriche; un fils unique, né de cette union, était appelé à recueillir la belle succession de sa mère. Le duc régnant, réfugié d'abord à Venise, puis en Allemagne, mourut à Trevise, en 1803; il y vivait en simple particulier, n'ayant pas voulu régner sur le Brisgaw qui, par le traité de Campo-Formio, lui avait été donné en indemnité de Modène. On connaît son petit-fils et son héritier. Il avait deux sœurs, l'une morte célibataire, l'autre mariée en France au prince de Conti.

Après avoir fait une excursion à Padoue, je me rendis à Bologne, cité célèbre dans les arts et dans les sciences; j'admirai ses palais, ses tableaux, ses églises, son institut célèbre. Florence me revit, mais toujours incognito. Je me tairai sur cette ville ravissante où, après Paris, je voudrais vivre, sauf à lui être de temps en temps infidèle en faveur de Rome et de Naples.

Florence explorée, ainsi que Pistoie, Pise, Livourne, Lucques, San-Mininto, je me dirigeai sur Sienne dont les voyageurs, dans leurs relations, ne s'occupent pas assez. Tout est curieux et pittoresque dans cette ville singulière. De là, je poursuivis ma route avec mes compagnons de voyage parmi lesquels était une dame qui m'avait prié de la conduire à Rome. Nous pénétrâmes dans l'État romain.

Depuis Milan, nous avions suivi des routes où l'activité d'une bonne police ôtait toute inquiétude aux voyageurs; mais une fois entrés sur le territoire papal, il n'en fut plus de même. On nous prévint qu'une nombreuse bande d'audacieux brigands infestait la campagne de Rome, et on nous engagea à prendre des précautions pour notre sûreté. J'avais avec moi deux domestiques français; le chevalier de Béarn, un de mes compagnons, en avait autant; ainsi nous ne pouvions guère avoir peur; nous manifestâmes donc l'intention de nous bien défendre en cas d'attaque, ce qui était déjà une chance pour ne pas être attaqués, car les brigands avaient partout des yeux et des oreilles.

Néanmoins, quoique notre bravoure fût à l'épreuve, nous crûmes qu'il fallait avoir recours à quelques mesures de prudence. Nous nous contentâmes d'une seule chaise de poste, pour madame Dub..... et sa femme de chambre; le chevalier de Béarn et moi, nous devions occuper alternativement la troisième place, et l'autre cheminer à cheval avec les quatre domestiques. Il nous parut que, de cette façon, l'ennemi ne pourrait nous surprendre; nous pouvions l'apercevoir de loin, et, en conséquence, nous disposer à le recevoir.

Ces mesures adoptées, nous partîmes et nous fîmes plusieurs postes sans aucune rencontre fâcheuse. Nos carabines restèrent chargées ainsi que d'excellens pistolets, dont chacun de nous était muni; malgré cela, nous avions fort affaire pour rassurer notre jolie compagne; elle et sa camériste voyaient un brigand dans chaque buisson.

Aux environs de Bolsèno, et dans un lieu où la route suit une pente rapide, Béarn, au fond d'un creux sur lequel était un pont qu'il fallait franchir, crut distinguer plusieurs individus en embuscade; il revint à moi et me fit part de sa découverte. Je regardai attentivement à travers le feuillage de divers arbres très-touffus; je reconnus qu'il avait raison. Tout nous convainquit, dès ce moment, que nous allions être attaqués; je fis signe aux postillons de la voiture d'aller au pas; je prévins nos gens de ce qu'ils avaient à faire, et nous avançâmes avec précaution.

Nous étions parvenus à la moitié de la côte, lorsqu'un homme, vêtu en paysan, *contadino*, comme on nomme en Italie les villageois, vint à nous : « Ah! Signor, cria-t-il, vous êtes perdus; la troupe entière du célèbre Sacribando occupe le fond de la vallée; ils sont plus de cent gaillards déterminés; et certainement vous serez tous les victimes du combat qui va avoir lieu.

L'air effrayé de ce drôle ne me parut pas naturel, je le soupçonnai d'avoir été dépêché par les bandits eux-mêmes qui, nous voyant en nombre et gens de résolution, préféraient, au lieu de tirer l'épée, de nous avoir par épouvante. Je fus confirmé dans mon opinion, lorsque Béarn lui ayant fait quelques questions auxquelles il répondit mal, il ajouta : Si vous faisiez bien, Signor, vous détacheriez l'un des vôtres pour traiter avec Sacribando; peut-être qu'il vous laisserait passer si vous lui offriez une bonne somme.

—Mon faquin, dis-je, c'est toi qui retourneras vers la bande dont tu fais partie, et qui, loin d'être de cent hommes, en a, tout au plus, douze ou quinze. Tu lui diras que nous ne sommes pas des Italiens, mais des Français, et que, si on ne nous laisse pas le champ libre, nous vous fusillerons tous jusqu'au dernier.

—Des Français! ah ! dites plutôt des diables, repartit d'un air effrayé le paysan prétendu. Que Satan vous torde le cou; vous préféreriez répandre le sang chrétien, plutôt que de lâcher quelques pièces d'or.

Je lui présentai le bout de ma carabine, afin de le faire taire, et je le chargeai d'aller porter à ses camarades mon ultimatum. La vue de l'arme qui le menaçait le fit partir avec une légèreté qui nous réjouit; cependant, après une halte de dix minutes, nous nous remîmes à marcher, quoi que pût nous dire madame Dub..... Dans son épouvante, elle nous conjurait de donner tout ce qu'on nous demanderait. Nous, sans trop l'écouter, nous allâmes en avant; et, avec le chevalier, je me mis à la tête de la cavalcade.

Nous examinions attentivement les mouvemens de l'ennemi. Nous vîmes bientôt que, frappés de notre bonne contenance, et de nos dispositions hostiles, les brigands se retiraient tous sans songer davantage à nous disputer le chemin. La troupe, composée de douze coquins, alla se retrancher de l'autre côté du ruisseau, et sur le revers de la montagne, à une distance assez grande pour ne nous inspirer aucune inquiétude. Nous défilâmes fièrement devant elle, à la surprise marquée de nos postillons qui ne pouvaient revenir du courage avec lequel nous avions tenu tête au célèbre Sacribando. Un seul coup de fusil, tiré par un de ces misérables, nous insulta; mais comme nous y répondîmes avec vivacité, en piquant droit à eux, ils escaladèrent les rochers et disparurent.

Là se bornèrent nos aventures avant d'arriver à Rome.

Que les approches de la vieille capitale du monde sont tristes! que sa campagne est stérile! On y respire un air humide, lourd, épais, ce que le peuple appelle *le mauvais air;* on croit aller vers la ville des morts et non vers la cité sainte; mais, en revanche, comme la Porte du Peuple annonce une ville souveraine! Quel bel aspect que celui de cette place, de ces trois grandes rues qui y aboutissent, de ces deux jolies églises surmontées chacune de son dôme! Quoi de plus majestueux que cet obélisque dont la vue élève l'ame vers le ciel!

Je me logeai rue du Cours, *strada del Corso,* près de la place d'Espagne, dans le plus beau quartier.

Une sombre tristesse régnait alors à Rome.

Avec le nouveau Charlemagne s'étaient réveillées les anciennes querelles des papes et des empereurs.

Pie VII, doux et faible, peu éclairé, opiniâtre

comme tous ceux qui manquent de lumières, passait sa vie dans la prière, la contemplation et le travail des mains. Ancien moine, il conservait les habitudes claustrales; il rapiéçait ses vêtemens, lavait ses tuniques blanches, ses habits pontificaux, au lieu de lire et de s'occuper de la haute théologie. Ses manières de cénobite, qu'on avait entrevues à Paris, contribuèrent à déverser sur lui une sorte de mépris; on ne comprenait pas, dans cette ville toute positive, comment le représentant de Dieu sur la terre donnait ses soins à de telles minuties; comment il lui fallait toujours recourir aux lumières de ses conseillers.

Le ministère romain, à cette époque, était composé de la manière suivante : les cardinaux *Doria Pamphili pro* Camerlingue[1]; *Caraffa*

[1] Le cardinal Camerlingue est le premier officier de la cour de Rome, le lieutenant du pape. Dès que le Saint-Père est mort, il entre dans la chambre où gît son corps, frappe à plusieurs reprises le front de l'auguste défunt; il l'appelle par son nom, et, voyant qu'il ne répond pas, il prend toute sa suite à témoin de sa mort; alors il ôte l'anneau du souverain pontife, le baise avec respect et le casse. Pendant la

Trajello sine, *chancelier; Latoni*, *secrétaire d'État;* della Samoglia, vicaire de sa sainteté, Noverello, protodataire [1]; et Droschi, second secrétaire d'État.

Ce dernier était parent de Pie VI. On faisait à peine attention à lui; vertueux, modeste, rempli de loyauté, il aurait voulu tout conduire par la protection de Dieu. Le cardinal della Samoglia, fin, rusé, spirituel, se serait contenté de l'appui de l'Angleterre; mais le meneur par excellence était, en dehors, le cardinal Cusoni, et, en dedans, le cardinal Pacca. S. C. Cusoni, appartenant à la

vacance du Saint-Siége, le cardinal Camerlingue régit l'État de l'église, fait battre monnaie, administre la justice, publie des édits, et marche en cavalcade, accompagné de la garde suisse du pape et de ses autres officiers. C'est le président né de la chambre apostolique. En cette qualité, il compte au nombre de ses officiers : un trésorier, un auditeur général et douze clercs de chambre, présidens de différens tribunaux. Son pouvoir est étendu, son crédit, immense. Le mot *Camerlingue* est d'origine allemande. Il a signifié le trésorier de l'empereur et du pape. (*Voyez à ce sujet le Glossaire de Ducange.*)

[1] Le cardinal dataire est chargé de la confection des bulles; sa dénomination vient de la date qu'il y appose.

vieille école; il était doué de la mobilité d'esprit qui a rendu si long-temps prépondérante la cour de Rome; non pas cependant que sa diplomatie fût astucieuse, mais elle était savante et empreinte de cette flexibilité, de cette souplesse cauteleuse qui la rend timide dans sa marche, mais ferme dans sa volonté. Il affectait de vouloir maintenir la paix, et ne faisait pour cela aucune concession. J.-C. Pacca, plus homme du monde, était surtout à sa place dans une cour, ayant beaucoup d'esprit et très-peu de préjugés [1].

Le cardinal d'York, dernier rejeton de l'illustre et infortunée famille des Stuarts, venait de mourir dans la dignité de doyen du sacré collége. Le cardinal Antonnelli lui avait succédé; celui-ci était un saint homme, détaché des choses de ce monde, et tellement imbu des maximes du Saint-Siége, qu'il aurait conseillé à

[1] Ses mémoires, publiés depuis peu en français, sont un modèle de mesure, de retenue, de bonne foi. On aime, en les lisant, celui qui les a écrits, et on serait heureux de le connaître.

Pie VII de suivre plutôt l'exemple de Grégoire VII que celui de Clément XIV.

S.-C. Matei, encore épouvanté de l'emprisonnement dans un seminaire, que lui avait fait subir le général Bonaparte, en conservait de la rancune à l'empereur Napoléon ; en vain celui-ci, par mille cajoleries, avait tenté de le ramener ; le cœur, une fois fermé, ne s'était plus rouvert, et le digne, le pieux cardinal soufflait la résistance.

Le cardinal Fabrice Ruffo, frère du cardinal Ruffo, Scilla, archevêque de Naples, était moins un ecclésiastique qu'un hardi militaire, ayant toutes les allures d'un colonel de hussards. Je l'ai vu beaucoup à Paris. Plus tard, je le ferai mieux connaître, ainsi que le cardinal Albani, très-ignoré en 1808, et qui a joué un si grand rôle après 1814.

Les cardinaux Zondadari et di Dicho étaient deux saints ; *zelanti* au premier degré, ne voyant au monde que la papauté, et dont, par conséquent, on ne pouvait espérer aucune concession humaine.

Galeppi, Spina, Caselli étaient au contraire des hommes d'un esprit selon le temps, cherchant à louvoyer, mais qui auraient voulu la paix. Spina, archevêque de Gênes et premier aumônier du prince Borghèse, quoique absent de Rome, y avait du crédit. On ne soupçonnait pas encore l'influence toute puissante que devait avoir un jour Gonsalvi, l'ami des hommes d'État modernes les plus illustres, lui dont on ne put jamais assez louer la tolérance et la modération. L'Europe catholique eût été en feu après 1815, si le souverain pontife n'eût pas suivi uniquement les conseils du vénérable cardinal.

Napoléon, en me permettant de parcourir l'Italie, m'avait dit :

— « Vous passerez à Rome; tâchez de faire entendre raison à ces gens-là; conseillez à Miollis la prudence, sans se départir de sa fermeté; je lui enverrai de l'argent, qu'il le répande de manière à augmenter le nombre de mes partisans; que nos prêtres (j'emploie l'expression de l'empereur) fassent bien entendre aux Romains que, dans mes différends avec le pape, je n'en veux pas au dogme; que, sur le dogme, je me soumets aveuglément. Je ne veux qu'une chose : c'est que les Anglais ne puissent pas mettre le pied dans le domaine de Saint-Pierre. »

Revêtu en quelque sorte d'un nouveau caractère diplomatique, je tenais à mériter l'approbation de l'empereur, et je me figurais, dans l'excès de mon zèle, que mes efforts amèneraient un rapprochement. Hélas! que j'en étais loin.

Le général Miolis, né à Aix, en Provence, était un homme d'une fort honnête médiocrité. Il débuta comme soldat au régiment de Soissonnais; il fit, sous le comte de Rochambeau, les campagnes d'Amérique; il était major à la révolution, et, en 1792, il portait les épaulettes de lieutenant-colonel. Il prit part à toutes les campagnes de la république; ses talens, sa bravoure lui acquirent l'estime des héros, ses camarades, et lui méritèrent successivement de monter jusqu'au grade de général de division. Gouverneur de Mantoue, c'est lui qui éleva à Virgile un monument en planches et en fer blanc. L'intention valait mieux que l'œuvre. Miolis, un peu plus tard, alla prendre possession de l'État de Venise, lorsque l'empereur François l'abandonna à Napoléon par la paix de Presbourg. De Venise on l'envoya à Rome pour y contrecarrer le pape, y semer la discorde, et enfin pour en faire enlever le souverain pontife; ce à quoi il se prêta avec un empressement dont se plaignit Napoléon lui-même. Ce n'est pas la seule fois qu'il ait trouvé trop d'exagération dans l'exécution de ses ordres; mais il avait pour principe de ne jamais démentir ceux qui avaient agi en son nom, parce qu'il ne voulait pas qu'on pût supposer que qui que ce fût eût été assez audacieux pour agir de son chef. C'est ce qui arriva, j'en ai la certitude, à l'occasion de l'enlèvement du pape par le général Radet, sous les ordres du général Miolis. L'empereur savait, en outre, que le seul moyen d'avoir des serviteurs dévoués consiste à ne pas abandonner ceux que leur zèle a jetés trop en avant.

Miolis, imbu de la philosophie de Voltaire, théophilanthrope même, voyait avec dégoût, dans le pape, le chef de ce qu'il appelait la superstition catholique; aussi prit-il une sorte de plaisir à le tourmenter, à le tyranniser, à ajouter aux instructions sévères de Napoléon. Sa malveillance irréligieuse semblait se complaire à irriter Sa Sainteté.

Le pape souffrait tout avec résignation, faisait hommage à Dieu des persécutions dirigées contre lui.

Je vis bientôt que toute voie de raccommodement était impraticable; les choses avaient été poussées trop loin. Retiré à Monte-Cavallo, le pape ne donnait plus audience à aucune personne attachée à la Maison impériale sans une demande officielle, appuyée sur un caractère diplomatique; de sorte que je ne pus être admis en sa présence, et je n'en fus pas fâché, car je n'aurais pu que gémir sur le sort de l'auguste vieillard. Or, tel ne devait sûrement pas être le but de l'empereur. Ce qu'il y a de plus douloureux au service des souverains, c'est de se voir placé entre la rigueur d'un devoir et ses sentimens secrets.

Ces considérations me déterminèrent à ne pas prolonger mon séjour à Rome. J'y restai seulement trois semaines, temps bien insuffisant pour voir à la hâte, et pour ainsi dire à la course, tant de monumens anciens, tant d'édifices modernes, où la splendeur de l'antique ville des Césars brille confondue avec la splendeur de la métropole du monde chrétien. Trois semaines, c'était bien peu de temps, en effet, pour étudier les deux Romes superposées l'une à l'autre, pour visiter le Colysée, les anciens cirques, le Forum, le Capitole, les voûtes souterraines, les aqueducs, le grand cloaque de Tarquin, le Velabre, les colonnes de Trajan et d'Antonin, les arcs de triomphe de Titus et de Marc-Aurèle, ces éloquens débris de temples broyés par la main du Temps, ces colonnes qui surgissent en groupes ou isolées, ces fragmens de bas-reliefs, modèle et désespoir de l'art moderne, et enfin le Panthéon d'Agrippa, le miracle de l'architecture. Tout cela est jeté comme au hasard dans Rome moderne, encore arrosée par les belles eaux dont la dota l'antiquité, et auxquelles sont venues se joindre de nouvelles fontaines.

Sans doute l'imagination se complaît davantage dans l'examen de tant de doctes ruines, mais les yeux n'admirent pas moins les palais modernes, la Basilique de Saint-Pierre, celle de Saint-Paul *extrà muros*, qui fut brûlée peu après mon départ de Rome, ces innombrables églises, ces galeries de tableaux, et tout ce peuple de statues. On est ébloui, fatigué d'admiration ; c'est du moins ce que j'éprouvai en quittant Rome ; j'avais voulu tout voir, je ne pus rien examiner. Je me rendis à Naples où j'arrivai sans faire aucune station sur la route, même à Capoue où commence la terre des délices, le paradis de l'Europe.

CHAPITRE VI.

Naples est le plus beau thême que l'on puisse offrir aux faiseurs de phrases; son ciel, ses merveilles, ses îles, le Vésuve, ses habitans, et Portici, et Hérculanum, et Pestum, et Sorrento, et la grotte d'Azor, et le palais de Caserte, avec ses aqueducs admirables, et celui de Capo di Monte, avec sa magnifique galerie de tableaux, et le théâtre de San Carlo, la Sépultura, le lac Averne, l'antre de la Sybille, le tombeau d'Agrippine, le pont de Caligula, le Pausilippe avec le souvenir de Virgile, la liquéfaction du sang de Saint-Janvier, la rue de Tolède, la Marine, la Chartreuse, le château de l'Œuf, Castel-Nuovo, San-Elmo, que sais-je? vingt pages ne suffiraient pas à enregistrer dans une froide nomenclature, tout ce que la ville et ses environs renferment de curieux, d'intéressant, surtout de poétique. Consultez donc les voyageurs anciens et modernes, lisez leurs descriptions plus ou moins brillantes, ils vous diront tout ce que je pourrais vous dire sur Naples et ses merveilles; mais quand vous les aurez lus, allez voir Naples, et vous verrez que vous n'en aviez aucune idée, parce que l'art d'écrire est impuissant pour suppléer aux sensations vives, joyeuses que l'on respire avec l'air de la Campanie.

Ce ne sera pas aussi légèrement que je parlerai de la cour alors établie à Naples, cour nouvelle et qui formait le plus étonnant contraste avec l'ancienne cour. Celle-ci craintive, hargneuse, colère, sanguinaire, vendue aux

Anglais, et leur immolant tout ce que la population offrait de vertueux, d'héroïque et d'hommes de mérite; cour de désordre, de débauche, où le roi, perdu au milieu de la populace, se faisait lazzaroni pour se trouver à son niveau, où la reine signait des arrêts de mort dans son boudoir.

L'histoire ne sera jamais assez sévère lorsqu'il s'agira de peindre les turpitudes du règne de Ferdinand III, monarque inhabile, sans aucune vertu royale, et dont la femme formait une si incroyable disparate avec sa noble sœur Marie-Antoinette. La nouvelle Frédégonde, comme venait récemment de l'appeler l'empereur dans un de ses bulletins, déshonora le trône et souilla le lit de son époux. Tout ce que nous reprochons en France aux monstres révolutionnaires, eut lieu à Naples. Durant les années 1798 et 1799, il y coula autant de sang qu'à Paris, pendant les deux plus affreuses années de la Terreur; les victimes immolées ne furent pas moins illustres. La reine Caroline, le ministre Acton, lady Hamilton, cette virago de cabaret, dont Nelson, à sa honte, fit son idole, furent les instigateurs de ces scènes atroces.

C'était donc ce couple qui pesait sur les Napolitains, lorsqu'une nouvelle perfidie appela sur lui la foudre de Napoléon. Celui-ci, en 1805, venait de signer un traité de garantie à l'abri duquel le roi de Naples pouvait dormir en sûreté; notre empereur, plein de confiance dans la foi de cet accord, retire ses troupes et rend cet État à sa pleine indépendance. A peine l'a-t-il fait, qu'un nouveau pacte est signé contre lui pendant la campagne d'Allemagne. Cette même année, le roi, la reine, Ferdinand, Caroline, appellent dans leurs ports les Russes et les Anglais, afin de prendre à dos les Français campés en Italie.

Une telle trahison ne pouvait rester impunie.

— « La Maison de Bourbon a cessé de régner à Naples! » s'écrie Napoléon.

Et, pour que l'effet suivît les paroles, le général Saint-Cyr, conduisant avec lui Joseph Bonaparte, marcha rapidement à la conquête du royaume. Le 26 janvier 1806, la famille royale, abandonnant sa capitale, se retira dans la Sicile dont la protection anglaise lui garantissait la possession précaire; là, elle eut le loisir de se désespérer et de dresser d'autres tables de proscriptions que l'Europe indignée lui fit presque toutes briser, lorsque la fortune égara le roi Murat d'une main, et, de l'autre, ramena le monarque imbécile [1].

Le 6 février, S. A. I. le prince Joseph entra

[1] Un de mes amis, très-royaliste, et qui est mort conseiller à la cour de cassation, M. Pajot de Marcheval, m'a raconté un trait de la vie de Ferdinand III, qui, de la part de tout autre monarque, pourrait paraître incroyable. Ayant été à Naples en 1790, M. de Marcheval lui fut présenté; il le trouva en veste blanche et tablier blanc, devant un fourneau, occupé... à accommoder du poisson qu'il avait été pêcher lui-même dans le golfe. Comme le poisson était cuit à point, le roi voulut que M. de Marcheval en goutât, ce à quoi il ne put se refuser : —« Hé bien, comment trouvez-vous cela? — Très-bon, Sire. » Il n'y avait pas d'autre réponse possible. —« Hé bien, Monsieur, reprit le souverain des Deux-Siciles avec une orgueilleuse satisfaction, je vous assure que je n'ai jamais pris de leçons : tout ce que je sais de cuisine, *c'est moi qui me le suis donné.* » Telles furent ses propres expressions.

dans Naples; sa reconnaissance, son couronnement, eurent lieu aussitôt. On ne pouvait revenir de la surprise qu'occasionait un souverain qui ne passait pas sa vie en débauches, à la chasse ou à la pêche, qui, présidant son conseil, en réclamait et discutait les avis. Une reine humble, chaste, soumise, pieuse, sans amans, sans camarille, sans intrigues, sans dilapidations; qui n'entretenait ni des correspondances galantes ni politiques; qui ne se montrait que pour arracher des coupables à la mort, et non pour y envoyer des innocens; en un mot, la sagesse, la prudence, l'habileté des ministres, leur bonne administration, la régularité du système financier, l'ordre partout, l'exactitude des paiemens, tout cela était autant de phénomènes jusqu'alors complètement inconnus.

Le cabinet du roi Joseph était ainsi composé: M. Ciancialli, *ministre de la justice*, Napolitain éclairé, capable de travailler, infatigable, n'ayant pas deux poids et deux mesures, et rappelant tout ensemble que, si Thémis porte des balances et un glaive, elle a sur les yeux un bandeau qui l'empêche de favoriser le puissant aux dépens du malheureux.

Le marquis de Gallo, *ministre des affaires étrangères :* celui-ci a long-temps compté parmi les diplomates, chefs de la politique européenne; poli, spirituel, réservé, il savait tirer partie de la moindre circonstance. Il plaisait à Napoléon, autant par ses formes de bonne compagnie que par son mérite réel; il s'était montré sous un jour avantageux aux conférences de Campo-Formio où il prit une grande part. Envoyé plus tard ambassadeur en France, je me rappelle que l'empereur le suivait toujours d'un regard souriant, laissant ainsi connaître l'affection secrète qu'il lui portait; c'était d'ailleurs un galant homme, probe et loyal autant qu'on peut l'être. La Sicile, qui l'avait eu pour vice-roi, l'adorait. Il était enfin honoré de la haine d'Acton. Signaler ce fait, c'est compléter son éloge.

M. Miot, depuis comte de Melito, sortait du conseil d'État de l'empereur; il avait marqué comme diplomate pendant la révolution. Il était à Naples, *ministre de l'intérieur;* on aurait eu de la peine à en trouver un plus capable.

Le comte Rœderer, si célèbre dans les temps de troubles, était ministre des finances; si on pouvait lui reprocher des manœuvres jacobines, du moins convenait-on de l'intégrité de sa gestion et de l'aisance avec laquelle il dirigeait ses fonctions, excessivement pénibles; il faisait une guerre active aux fripons. Ceux qui se rappelaient les usages de l'ancien gouvernement ne pouvaient concevoir à Naples qu'il ne voulût pas s'entendre à partager avec eux.

A ce sujet, je me souviens que, parlant avec un banquier napolitain du conseil du roi Joseph, quand nous vînmes à Rœderer:

— Celui-là, me dit-il, est un imbécile.

— Comment cela?

— Mon gendre lui a proposé une affaire qui leur aurait rapporté à chacun cinq cent mille livres; il a fait mettre mon gendre à la porte.

— La chose était donc illégale?

— *Un poco, Signor; mà cinque cento mila lire!* et il haussa les épaules.

— Monsieur, dis-je, en France, pour une pareille action on proclamerait M. Rœderer un honnête homme.

— A Naples, nous le qualifions de sot.

Et le banquier changea de conversation.

Le commandant Pignatelli, un des princes de la Maison de ce nom, était *ministre de la marine* et des affaires *ecclésiastiques.* C'était sans doute un singulier amalgame. On vantait son esprit, ses connaissances nautiques; le clergé n'en disait pas de mal.

Le comte Salicetti était *ministre de la police générale.* C'était presque un second Fouché; avec les mêmes vices, il possédait le même talent. Salicetti était vraiment un homme d'un génie extraordinaire, supérieur à tous les emplois qu'on lui aurait confiés. Né Corse, Napoléon était son ennemi personnel depuis qu'il avait contribué à le faire destituer sous la Convention; mais, connaissant la supériorité de son mérite, il l'employa toujours, bien qu'il le redoutât, ou peut-être même parce qu'il le redoutait.

Certes, depuis les Normands, Naples n'avait été aussi bien administrée. Le peuple jouissait d'une prospérité inconnue; il aimait le gouvernement, il vénérait la cour.

Le roi m'accueillit avec une bonté parfaite.

— Je suis heureux, me dit-il, lorsque je vois des Français.

Je le félicitai sur les agrémens de son royaume.

— Oui, dit-il, c'est un paradis terrestre; mais on n'est au comble du bonheur que lorsque l'on peut être un riche bourgeois de Paris. Ah ! Monsieur, poursuivit-il, qu'un sceptre est lourd, et qu'une couronne fatigue.

Surpris de ce propos, je me hasardai à lui dire que peut-être bientôt il se rapprocherait de Paris.

— Je ne le souhaite pas, et, puisque je ne peux être dans Paris même, autant vaut être ici qu'ailleurs.

Je prévoyais confusément l'avenir de l'Espagne ; on ignore et j'ai su d'une manière positive que l'empereur, dans ce moment, avait la pensée de retirer au roi d'Espagne la Catalogne, l'Aragon, la Navarre, la Biscaye, la Gallice, Léon et toute la rive gauche de l'Èbre pour en faire un royaume d'*avant-garde*: c'était son expression. Le roi Charles III aurait reçu le Portugal en échange.

C'était donc à cet arrangement éventuel que je faisais une sorte d'allusion incompréhensible pour lui, quand je parlais au roi Joseph de la possibilité d'un rapprochement; mais ni lui ni nous, ne pouvions nous douter que bientôt il rangerait sous son sceptre toutes les Espagnes. Le roi me parla avec intérêt de la reine d'Étrurie, et parut peiné de ce qu'elle avait été spoliée de son royaume.

— Il est hors de doute, dit-il, que l'Europe s'alarmera de cette façon de s'emparer d'un État; cela deviendra le germe d'une nouvelle coalition : les Anglais en jettent feu et flamme, ils en profitent pour épouvanter les autres souverains en leur montrant qu'un sort pareil peut les atteindre.

Il me demanda ensuite si j'avais vu le pape. Je lui dis que non. Cette affaire lui parut aussi hérissée de difficultés. Il aurait souhaité que l'on ne tourmentât pas le saint Père.

— On ne sait pas assez en France, me dit-il, l'influence qu'exerce le pape, même dans les États non catholiques, tels que la Russie et l'Angleterre.

On ne peut lui porter un coup sans se frapper soi-même. Et puis, pourquoi agir à l'imitation du Directoire dont nul n'a blâmé la conduite plus que mon frère? J'ai peine à croire que tout cela vienne de lui.

Le roi Joseph m'apprit que, chaque jour, on débarquait de Sicile des gens chargés de l'assassiner ou de l'empoisonner.

— Le plus dangereux des volcans qui m'avoisinent, me dit-il, ce n'est pas le Vésuve. N'importe, je ne ferai aucun sacrifice à la crainte, rien ne m'empêchera de remplir mes devoirs royaux. Je veux contraindre les Napolitains à m'accorder leur estime à force de leur faire du bien. C'est une lutte à laquelle je voudrais pouvoir défier Ferdinand III, quand même il devrait en sortir vainqueur.

Avant de quitter Paris, j'y avais entendu courir certains bruits sur le roi Joseph ; je reconnus à Naples combien ils étaient mensongers. A la vérité il préférait la table à la chasse, et la pêche, au théâtre de San-Carlo, mais tout cela sans aucun excès. Les prétendues orgies du roi Joseph doivent être reléguées au pays des chimères, avec celles du malheureux et défunt duc de Berry qu'on accusait de boire chaque jour jusqu'à en perdre la raison. Tandis que, en réalité, il buvait habituellement de l'eau pure ; parfois il se permettait le régal d'un demi-verre de liqueur coupée de lait ; et pourtant, que d'histoires sur son compte, basées sur de prétendues libations bachiques ! Je dois avouer que le roi Joseph ne craignait pas une bouteille de *Lacrima-Christi* ou de *vin de Champagne*. Mais qu'il y avait loin de là à ces scènes d'ivrognerie dont la malveillance colportait les détails !

N'ayant plus rien à voir et rien à faire à Naples, je songeai à revenir en France. Je pris congé de Sa Majeste qui me combla de marques de bienveillance; je revins toucher barre à Rome, puis je me dirigeai vers Assise, Ancône, Lorette, Rimini, Ravenne. Je retournai à Florence, je voulus revoir Pise avec son *Campo-Santo*, sa basilique, sa tour penchée, son baptistaire, les souvenirs du comte Ugolin, sublime tableau de l'incomparable Dante; ses ponts de marbre blanc, son quai majestueux, sa place des Chevaliers, etc., etc.

A Lucques, on se félicitait d'avoir pour souverains la sœur et le beau-frère de S. M. l'empereur et roi. Cette petite république ayant demandé un chef à celui de l'empire français, on lui avait donné, pour répondre à ce sage désir, son altesse impériale la princesse Élisa Bacciocchi.

Je parlerai plus tard de la princesse de Lucques, à laquelle son auguste frère donna la Toscane à gouverner avec le titre de grande duchesse, et des torts d'ingratitude qu'elle eut envers son bienfaiteur. Le temps et les circonstances auxquels cela se rapporte étaient impossibles à prévoir.

On me vanta la route du littoral et non sans cause. J'allai à Sarzanne, je traversai la Magrea, je passai dans Borghetto et de là, j'allai à Lerici et à Sestri, *di Levante*. Je tournai l'admirable golfe de la Spezzia, je traversai la bourgade de ce nom, où l'empereur voulait faire construire une ville ; j'aperçus Porto-Venere, mais je ne pus m'empêcher de séjourner à Chiavari, chef-lieu du département de Montenotte. Là, j'étais en France !

On se figurerait difficilement une position plus heureuse que celle de cette petite ville, située au centre d'une plaine charmante que l'Apennin domine circulairement ; le climat en est délicieux par sa douceur et sa pureté ; la terre fertile ; l'oranger, l'aloës, les cactus y viennent en plein champ ; la vigne y donne des raisins exquis ; les fruits y ont une saveur particulière.

Le préfet de Chiavari était M. Roland de Villarceaux, administrateur éclairé, probe et ferme ; rempli de sentimens monarchiques et religieux, il jouissait d'une réputation acquise par des qualités et des vertus. En 1811, il passa à la préfecture du Gard.

Gênes, où j'allai me reposer, me charma : c'est la ville des fées, une magicienne dont il est impossible d'oublier les charmes et les séductions. Les pieds dans la mer, le front appuyé à la montagne, cette ville de marbre et de peinture est une perpétuelle décoration d'opéra : on ne se lasse pas de la parcourir, d'en voir les palais, les églises, les *ville* sans pareilles ; là on trouve tout ce qui enivre les sens ; les femmes y sont charmantes. Gênes serait une ville accomplie si elle avait des rues ; elle n'a que des passages étroits et obscurs. A l'exception des rues *Balbi*, *Nova*, *Novissima* et de *l'Arc*, aucune autre ne peut prendre ce nom.

Le général Montchoisy, l'idole des Gênois, commandait la division militaire. Si les Gênois avaient renouvelé les *Vêpres siciliennes*, Mont-Choisy eût été leur second Guillaume de Pourcelets. Le préfet, M. Bourdon de Vatry, plaisait, mais ne faisait aucun bruit; honnête homme, grand travailleur, il lui suffisait de l'estime de ses administrés.

Ceux-ci accordaient davantage au sous-préfet de Gênes, M. de Croisi, auditeur au conseil d'État, poli, gracieux, spirituel, aimant les occupations de sa place; il savait être à la fois homme du monde et de cabinet. Je l'ai peu vu; je rapporte sur son compte le résumé de l'opinion générale; et, comme on sait: *Vox populi, vox Dei.*

Suivant toujours l'ancienne corniche devenue le littoral, je rentrai dans la vieille France par Voltri, *Sestri, di Ponente*, Final, Albenga, Ventimiglia, Villefranche, Manton, Monaco, principauté semblable à un surtout de dessert, souveraineté bonbonnière, mais qui n'en est pas moins absolue; c'est un royaume où la ligne représente la lieue. Les habitans de Monaco ne regrettaient nullement leur prince. Celui-ci était un de mes collègues, comme moi, chambellan de l'empereur, du reste, un bien pauvre homme dont j'aurai plus tard l'occasion de parler.

Nice, tout au contraire, pleurait ses rois savoyards, habiles, économes, guerriers, administrateurs, et vraiment les pères du peuple.

Plus d'un niçard venait chaque jour épier, sur les fortifications longeant la mer, le retour de leur race royale : les cœurs volaient en Sardaigne.

En quittant Nice, je passai le Var qui donnait son nom au département; suivant les bords de la mer que l'on aperçoit et que l'on perd de vue tour-à-tour, je vis Cannes, Antibes, Fréjus, Toulon, notre grand arsenal maritime sur la Méditerranée; je passai les gorges d'Oullioules, que l'on prendrait pour une avenue de l'enfer, et qui conduisent à la capitale de la Provence, à la vieille cité phocéenne, à cette Marseille, alors si jalouse de la franchise accordée au port de Gênes, resserrée dans ses murailles, et se répandant, autour de son enceinte, dans les îlots de la mer, et dans les campagnes montueuses où s'élèvent des milliers de bastides.

Marseille est la ville de la gaîté expansive,

de la joie bruyante, du plaisir, de l'amour et du commerce. Son industrieuse activité surgit de partout ; elle est au port, elle est dans les rues, à la Bourse, dans les maisons. Ses fêtes ont quelque chose d'entraînant qu'on ne rencontre point ailleurs ; voyez-la se déployer dans une longue *farandole*, comme un serpent à mille anneaux, aux nuances variées, se rompant, se reformant tour à tour ; écoutez le son du galoubet et du tambourin qui servent d'orchestre à ses chants : la mélancolie devient impossible ; il faut rire, se divertir, se livrer à la joie ou quitter Marseille. C'est, dit-on, ce que fit un Anglais. Quelqu'un l'ayant rencontré, marchant à pied et l'air tout pensif sur la route d'Aix : « Où allez-vous donc, Milord ? lui demanda-t-il. — Oh ! l'indigne, l'insupportable ville ! Si je n'en étais parti précipitamment, ces gens-là m'auraient fait rire. »

Mon congé n'étant pas encore expiré, je résolus de profiter du mois qui me restait pour visiter le midi de la France, pensant bien que je ne perdrais pas mon temps et que l'empereur, à mon retour, ne manquerait pas de me questionner sur ce que j'aurais vu. Ainsi, je vis Aix, Arles, Orange, Avignon, le pont du Gard, Nîmes, ville plus romaine peut-être que Rome elle-même. La maison carrée et le pont du Gard n'attestent pas moins la puissance de Rome que le Panthéon et le Colysée. L'amphithéâtre de Nîmes est mieux conservé que celui de Véronne. Quand on a bu à la fontaine, on conçoit le culte des Naïades. Peintres, architectes, sculpteurs, arrêtez-vous dans notre Provence, dans notre Dauphiné, dans notre Languedoc. Il y a là aussi des modèles pour élever votre ame, pour enflammer votre imagination. Et puis, que de souvenirs vous environnent à Nîmes! ne foulez-vous pas la terre où Marius désarma, de la puissance de son regard, la férocité salariée d'un Cimbre? n'êtes-vous pas près de Minturnes?

Montpellier offre un contraste frappant avec Nîmes; hier, vous étiez tout Romain, tout imbu des souvenirs de l'antiquité; aujourd'hui, c'est le moyen-âge, c'est la chevalerie qui vous apparaît non moins brave et plus élégante. Là, fleurissent à la fois deux choses qui, bien souvent, s'excluent : le commerce et les sciences. Vous y retrouvez en outre la folle gaîté de Marseille. C'est le berceau des troubadours, la ville des jeunes filles, *mons puellarum*. Comme les danses de Montpellier sont vives et coquettes ! comme les femmes y sont jolies, gracieuses, spirituelles ! ce sont les Syrènes des anciens ; elles attirent et elles captivent. Après cela, je laisserai à d'autres le soin de vanter la célébrité de son école de médecine ; j'aime bien mieux escalader la promenade du Perron, pour y jouir d'une vue unique en Europe. De là, les regards s'étendent sur un panorama gigantesque que circonscrivent les Alpes, les Cévènes, les Pyrénées et la mer. Un jour, j'y fus témoin d'un combat naval, spectacle magnifique et terrible ; je vis distinctement les évolutions, les viremens de bord ; j'entendis le bruit du canon, et j'eus le bonheur de voir le drapeau tricolore triompher de la flamme britannique. Quel paysage riche, varié, coloré, vivant ! quel ciel pur, diaphane, étincelant ! Je l'admirais ; et, six semaines auparavant, je contemplais le ciel de Naples !

Je ne fis qu'un court séjour à Beziers, ville si heureusement située, qu'on a dit d'elle, que si Dieu venait s'établir sur la terre, il voudrait l'habiter. Je ne m'arrêtai point à Narbonne où je passai de nuit, ayant hâte d'arriver à Carcassonne où j'avais une espèce de rendez-vous avec un de mes amis; mais, malgré ma diligence, je ne l'y trouvai plus. Je m'arrêtai pour voir la cathédrale gothique et les murailles de la cité, ouvrage construit sur des fondations romaines, par les Visigoths. Le travail de ces constructions est admirable, et prouve à quel degré de perfection était parvenu l'art de bâtir à une époque que nous appelons barbare.

Je n'ai rien à dire de Castelnaudari. Mais, comment pourrais-je suivre ou même apercevoir les rives du canal du Languedoc, sans payer, au nom de tout le midi de la France, un juste tribut de reconnaissance à son illustre fondateur? Je ne suis point, soit par préjugé, soit par habitude d'enfance, un de ceux qui comptent pour rien le hasard utile d'une naissance distinguée; mais j'avoue que, sur les bords du canal du Languedoc, on est saisi de pitié, quand on pense aux discussions qui ont eu lieu, pour savoir si Riquet appartenait ou n'appartenait pas à la famille des Riquetti de Florence, souche incontestée des Mirabeau. Riquet a-t-il, oui ou non, doté son pays du canal qui enrichit toute une province ? Oui. Hé bien, voilà son titre de noblesse, et je ne connais point de duché qui lui soit préférable.

Toulouse, où j'arrivai enfin, est, sans contestation, une des villes dont l'origine remonte le plus haut dans l'antiquité. Antérieure à Rome même, elle fut la ville de prédilection des rois visigoths qui l'ont enrichie de monumens, et qui, eux-mêmes, donnèrent des souverains à l'empire d'Occident [1]. Peu s'en fallut alors que Toulouse ne devînt la capitale de la France; c'est ce qui fût arrivé en effet, si, au commencement du sixième siècle, Alaric eût vaincu Clovis

[1] Avitus prit la couronne impériale en 455, par le conseil et avec l'appui de Théodoric-le-Grand, deuxième du nom, roi des Visigoths ou West-Goths, dont Toulouse était la capitale.

au lieu d'être vaincu par lui. Depuis mon départ de Bologne, je n'avais point vu autant de tours dominer les édifices, et je reconnus l'exactitude de l'épithète *turrita*, que lui donne Ausone.

Ce fut un soir que je vis pour la première fois la basilique de Saint-Saturnin, avec ses dehors bizantins; son intérieur, dont les décorations annoncent une époque antérieure à ce que l'on est convenu d'appeler le gothique. Ses nefs nombreuses, ses galeries supérieures, ses cryptes souterraines, tout y respire une majesté mystérieuse, je ne sais quel parfum religieux qui forcent au recueillement et révèlent la présence de la Divinité.

Là reposent, dans des châsses magnifiques, les corps de sept apôtres; les reliques de nombreux martyrs; une épine vénérable de la sainte couronne du Sauveur. Aucune église de la chrétienté ne renferme de si précieux trésors sacrés. On n'y trouve aucune exagération dans l'expression pompeuse de ce vers latin :

Non est in toto sanctior orbe locus.

(Il n'est point sur la terre un lieu plus saint.)

Les Toulousains, au moment où je visitai leur ville, déploraient avec amertume la perte d'un trésor inestimable, dont l'ignorance du maire, le baron de Bellegarde, avait flatté l'orgueil de Napoléon.

L'empereur Charlemagne avait fait présent de son livre de prières à l'église de Saint-Saturnin. C'est un magnifique volume écrit en lettres de pourpre, d'or et d'argent; on le conservait depuis la révolution dans l'une des bibliothèques publiques. Le pauvre maire, par une simple lettre au bibliothécaire, en exigea la remise, l'emporta à Paris, et en fit hommage à l'empereur [1].

Pour me rendre de Toulouse à Montauban, je traversai une plaine immense qui embrasse toute l'étendue des départemens de Tarn-et-Garonne, de la Haute-Garonne, de la Gironde, du

[1] Ce volume fait maintenant partie de la bibliothèque particulière du cabinet du roi. M. de Jouy, le spirituel bibliothécaire de Louis-Philippe m'a assuré qu'on l'avait fait récemment estimer par des experts qui en avaient fixé la valeur à deux cent mille francs.

Gers, des Landes, et n'est bornée que par les Pyrénées.

Montauban est une ville très-agréable, mais qui ne se distingue par aucun monument. Ses sites, ses fruits et son commerce suffisent à attirer les voyageurs. Jusqu'à Langon, la route qui longe la Garonne présente des aspects enchanteurs. On rencontre des petites villes industrielles et riches : Castel-Sarrazin, Moissac, Marmande, Agen, la Réole, Tonneins, Aiguillon. De Langon à Bordeaux, on navigue plus qu'on ne roule dans des sables fatigans et infertiles; cependant la vigne paraît se plaire sur ce sol ingrat.

Bordeaux, ville en partie anglaise, eut beaucoup à souffrir du régime impérial. Son port désert, la mer fermée à ses spéculateurs, ses vins invendus motivaient en partie la haine de ses habitans envers l'empereur. Le coup d'œil que Bordeaux présente du côté de la Gironde a une magnificence que ne conteste aucune cité française.

Je traversai le bec d'Ambez, la Dordogne,

Angoulême, Poitiers, Tours, Blois, Orléans, je rentrai à Paris après un voyage rapide, et cependant de plusieurs mois. Ce fut presqu'au moment de mon arrivée qu'éclatèrent les grands événemens d'Espagne, dont je ne parlerai, suivant mon usage, que pour dire seulement ce que d'autres n'ont pu savoir aussi bien que moi.

Napoléon m'accueillit avec plus de bonté que jamais, et m'adressa beaucoup de questions sur l'Italie méridionale. Il savait déjà que je n'avais pas vu Pie VII. Je le vis on ne peut plus satisfait, lorsque je lui eus parlé, selon la vérité, du roi de Naples.

—N'est-ce pas, M. de...., dit-il, que vous êtes sincère? vous avez vu, entendu ce que vous dites.

—J'en affirme l'exactitude, Sire; jamais ces contrées n'ont été mieux gouvernées et n'ont été plus heureuses. La comparaison qu'on ne cesse de faire entre l'ancien et le nouveau gouvernement tourne toujours à l'avantage de celui-ci.

—Tout ira de mieux en mieux; mes frères

veulent comme moi le bonheur de leurs peuples. Quel autre intérêt pourrions-nous avoir?

Il faut avoir entendu Napoléon s'exprimer ainsi, avec toute l'ardeur d'un homme persuadé de la bonté de son système. Il se trompait sans doute, mais il était lui-même trompé le premier.

Vers ce temps il arriva à un de mes amis, jeune homme appartenant à une famille très-distinguée et récemment nommé auditeur au conseil d'État, une chose fort singulière, résultant du travail qui lui était confié. Je trouvai ce qu'il me raconta si intéressant, que je le priai de vouloir bien me l'écrire; il y consentit, seulement depuis la chute du gouvernement impérial; c'est pour cela que l'on trouvera vers la fin de sa narration quelques circonstances relatives à une époque en dehors du cadre où j'ai promis de me renfermer. Quoi qu'il en soit, j'adopte sa note, telle qu'il me l'a donnée, et c'est par conséquent lui qui parlera jusqu'à la fin de ce chapitre.

« Le prince, archichancelier de l'empire, qui avait connu ma famille, m'honorait de sa protection; ma mémoire reconnaissante n'oubliera jamais le bien qu'il m'a fait. Je venais, grace à cet habile homme d'État, d'être nommé auditeur au conseil d'État; il crut combler mes vœux en me faisant demeurer à Paris, et pour cela me fit attacher au ministère de la police générale.

« Chaque semaine depuis ma nomination, j'allais chercher un ou plusieurs dossiers d'affaires ressortant de cette administration; j'en analysais les pièces diverses j'en faisais, des rapports dans lesquels, je l'avoue, j'atténuais le plus possible l'acrimonie des dénonciateurs et ce qu'il y avait de méchanceté calculée dans quelques notes envoyées par des chefs de la magistrature. Dans le cours de mon travail, j'ai presque toujours eu occasion de remarquer que les rapports des maires, sur les individus suspects de leurs communes, étaient plus hostiles, plus malveillans que ceux des commissaires de police; les maires des chefs-lieux de cantons s'acharnaient moins que ceux des simples communes après ceux qu'ils dénonçaient; et cette progression d'indulgence et de mesure se faisait remarquer à mesure que l'on s'élevait dans la hiérarchie des fonctionnaires publics. Cette remarque pouvait s'appliquer presque sans exception, depuis le dernier adjoint au dernier maire de France, jusqu'au ministre de la police générale.

« Quant à moi, je supprimais impitoyablement dans mes rapports, tout ce qui me paraissait empreint de méchanceté ou de haine, ou bien dicté par un indigne désir de vengeance; et l'on ne saurait croire combien de faits, dans des correspondances qui auraient dû se borner à éclairer le ministre sur ce qu'il lui importait de connaître, étaient dictés par des inimitiés particulières. C'est, je l'assure, une bonne et curieuse étude, mais qui porte peu à la philanthropie, que le dépouillement des dossiers du ministère de la police. Sans oser supprimer totalement des faits intéressans pour le gouvernement, j'adoucissais les expressions vives, je paralysais les allégations de culpabilité, je retranchais les interprétations malveillantes; et, en agissant de la sorte, j'avais la conscience de servir loyalement l'empereur.

« Un jour, on me réunit cinq ou six dossiers

très-volumineux ; je n'y remarquai rien d'intéressant en les parcourant rapidement, pour en classer les pièces diverses ; c'était, comme dans la plupart de ces sortes de rapports, beaucoup de bavardage, du bien de soi mal déguisé, du mal des autres souvent sans aucune preuve. En feuilletant ces papiers salis d'écritures mensongères, mes yeux s'arrêtèrent presque machinalement sur une page mieux écrite que le reste, où je distinguai le nom de Ferdinand VII. Cela provoqua de ma part un examen plus minutieux, et je lus un tissu d'horreurs. C'était un plan tracé par un ministre qui, moyennant une somme d'argent, mettait sa main et son poignard au service du ministre de la police, pour assassiner Ferdinand VII, alors à Valencey. Dans le cours de ma carrière, j'ai lu peu de pièces si bien rédigées, peu de plans mieux combinés ; l'assassin prévoyait tout, ses batteries étaient si bien dressées, que, dans le cas où il n'aurait pas réussi, ou même il aurait été pris en flagrant délit par une police non prévenue d'avance, il se serait trouvé porteur de pièces qui auraient fait retomber les preuves du crime sur le prince de la Paix.

« A mesure que j'avançais dans la lecture de cette machination infernale, je me sentais saisir d'une indignation à laquelle se mêla un mouvement de terreur; je fis involontairement un retour sur moi-même, et sur la délicatesse de ma position. Plusieurs questions se présentèrent simultanément à mon esprit. Je me demandai si une pareille affaire n'appartenait pas aux cas réservés pour le ministre lui-même; et comment il se faisait qu'un papier de cette importance se fût glissé parmi des papiers insignifians. Était-ce une erreur, ou plutôt, n'était-ce point une épreuve? Dans le premier cas, on viendrait réclamer la note en question; dans le second, on attendrait que je la rendisse; de toute manière je serais la victime d'odieuses investigations. Dans cette conjoncture difficile et qui pouvait compromettre mon existence future et ma liberté, après quelques hésitations bien excusables, je pris mon parti.

« Je supprimai la pièce; mais, je l'avoue, ma main trembla en l'enlevant du dossier. Cependant, je me rassurai peu à peu : si elle m'a été remise par mégarde, me dis-je, il n'y a aucune preuve qu'elle ait été en ma possession. Si, au contraire, on a voulu m'éprouver, hé bien, on fera honneur à ma perspicacité d'avoir évité le piége; si, par suite d'une odieuse combinaison, on a voulu me perdre, la pièce du délit anéantie, l'accusation ne s'appuiera sur rien. Ces réflexions me fortifièrent dans la détermination que j'avais prise, étant bien résolu d'ailleurs à mettre à profit la découverte de ce fatal secret, en faisant prévenir à temps le prince dont la vie était menacée. D'un autre côté, je ne voulais point laisser subsister cette note, et je tenais à en conserver le contenu. Pour arriver à ces deux buts, voici comment je m'y pris :

« Doué d'une mémoire qui m'a permis quelquefois de retenir les détails de toute une discussion au conseil d'État, je relus deux fois la lettre du misérable au ministre; je l'écrivis ensuite de mémoire sans me tromper d'un seul mot. Mais je ne pouvais pas plus en garder une copie que l'original. Pour obvier à tout, j'eus l'idée de me faire un chiffre pour mon usage particulier.

Je tirai d'un rayon inférieur de ma bibliothèque les cinq gros volumes de l'Encyclopédie, et je posai à chaque page un point sur les lettres correspondant à celles de la note, en ayant soin de n'en pointer qu'une ou deux par page. J'ai conservé cet exemplaire devenu précieux pour moi, sans avoir jamais eu la crainte qu'on y lût le secret dont je l'avais rendu dépositaire.

« Ces précautions prises, j'enveloppai la pièce et ma copie dans un linge; je brûlai le tout et j'en délayai le résidu dans deux pintes d'eau bouillante qui en fut à peine colorée, et que je jetai dans les latrines de la maison.

« Alors seulement je fus tranquille; car je ne saurais dissimuler que ma frayeur avait été extrême pendant le temps que durèrent ces diverses opérations. Je tremblais, je tressaillais au moindre bruit; le tintement de la sonnette de mon appartement me mettait en émoi; il me semblait que des agens de Fouché allaient s'emparer de moi. Ce sont des terreurs que l'on ressent, des cauchemars en état de veille, qu'il faut renoncer à exprimer, et dont, par bonheur, on est le premier à se moquer quand le danger est passé.

« Cependant j'attendis avec anxiété le jour où je devais reporter mon travail, et je n'osais le devancer, quelque diligence que j'eusse faite, car je ne pouvais m'ôter de l'idée que ce serait peut-être un jour d'épreuve. Ce jour venu, je m'efforçai de vaincre mon émotion, et je me composai une physionomie indifférente. Ce que c'est que la prévention! La personne chargée de recevoir mon travail m'accueillit comme de coutume, c'est-à-dire avec une extrême politesse et sans affectation. Je dois faire observer que c'était chez l'archichancelier et non au ministère de la police que je remettais mes rapports.

« Cette affaire est demeurée une énigme pour moi. La lettre de l'assassin fut-elle égarée par un effet du hasard, ce qui me paraît incompréhensible, avec l'ordre qui régnait sous l'empire, dans le classement des papiers? fut-ce aussi le hasard qui la fit tomber dans le carton qui m'était destiné? je l'ignore encore. Tout ce que je sais, c'est que si un plan pareil avait été mis sous les yeux de l'empereur, il l'aurait rejeté avec indignation; ce que je sais encore, c'est que, à ma grande satisfaction, je n'en entendis jamais parler. Du reste, obéissant à l'appel de ma conscience, je donnai suite au projet que j'avais conçu pour prémunir la victime désignée contre le coup qui la menaçait; et voici à quel moyen j'eus recours pour concilier ce que je regardais comme un devoir d'honnête homme, avec la prudence que me commandait impérieusement ma position.

«Dans la vie, on a quelquefois des idées à l'occasion desquelles on se monte la tête; on *s'héroïse* dans sa pensée, on veut arriver au but. Le mien alors fut donc de sauver Ferdinand VII. En agisant pour lui, sans que jamais, selon les probabilités du temps, il pût connaître la main qui détournait de sa tête le fer d'un assassin, j'étais heureux de penser que le meurtrier n'était point un Français. Sans doute, un criminel ne prouve rien contre la nation à laquelle il appartient, mais il est des délicatesses d'honneur dont l'exagération même est respectable.

La lettre du *bravo* était signée Pedro Muniez, et datée du 11 juillet 1808.

« Je marchai d'abord en tâtonnant dans l'espèce de forêt périlleuse où je venais de m'aventurer. Il eût été trop niais de ma part de faire parvenir un avis direct au monarque captif; je résolus donc de chercher une voie détournée comme étant la plus sûre, car j'aurais manqué mon but, si, par une démarche inconsidérée, je m'étais jeté tête baissée au milieu des polices qui circonvenaient Valencey. En proie à ces perplexités, un trait de lumière m'indiqua mon guide. Je me rappelai que la classe des belles-lettres de l'Institut renfermait dans son sein un de ces hommes rares, devant lesquels on peut s'ouvrir sans restriction comme sans inconvénient; un homme, dont la vertu eût honoré Rome, quand Rome était vertueuse, et dont l'esprit lui eût acquis le droit de cité à Athènes, au temps de Périclès et d'Alcibiade. Cet homme était Cailhava, poussant la modestie presque jusqu'au ridicule, ne se targuant point de ses légitimes succès au théâtre, et sachant, moins que ses amis, que son livre intitulé, l'*Art de la Comédie* est d'un mérite supérieur, un monument de bon goût et d'ingénieuse critique.

« Cailhava était mon homme. Je le savais profondément versé dans la connaissance de la langue espagnole. Il passait dans le monde pour être en la disgrace auprès de Napoléon; mon intelligence de jeune homme en conclut qu'il devait avoir des rapports avec les Espagnols résidant à Paris, peut-être même avec quelques membres de la junte d'insurrection et des serviteurs fidèles de Ferdinand VII. Je ne me trompai point. Mais une autre difficulté se présentait. Comment arriver à Cailhava que je connaissais à peine, et qui peut-être ne me connaissait pas du tout? En effet, je l'avais seulement rencontré quelquefois chez la comtesse Potaska et chez le comte d'Escherny. Ce fut à celui-ci que je demandai de me faire trouver en tête-à-tête avec l'académicien.

« Le comte d'Escherny, suisse de nation, était un grand partisan de Rousseau, écrivain idéologiste distingué, et trop familier avec les bons usages du grand monde pour me questionner sur le motif qui me faisait recourir à son obligeance; aussi se contenta-t-il de m'accorder avec sa parfaite urbanité la grace que je sollicitais. Il prévint lui-même M. Cailhava; et, un matin, je fus informé par un billet du comte, que ce même jour, à trois heures après midi, je trouverais dans son appartement *la personne à laquelle je désirais parler.*

« Je devançai M. Cailhava. Le maître de la maison, par une délicatesse passée de mode, n'était point chez lui. Je fus reçu par une jeune, charmante et spirituelle orpheline qu'il avait recueillie; elle s'appelait Hortense, et faisait avec grace et modestie les honneurs de la maison.

« M. Cailhava était lui-même un homme de trop bonne compagnie pour se faire attendre; il arriva presque aussitôt que moi. Le comte d'Escherny logeait alors dans un hôtel de la rue d'Enfer, à l'angle de la petite rue Saint-Dominique. Il y avait un joli jardin, et comme le temps était magnifique, nous allâmes nous y établir sous un berceau touffu. Après les premiers complimens, je fis part au digne M. Cailhava du sujet qui m'amenait, non sans éprouver quelques distractions, car sa fille l'avait accompagné. C'était une enfant sublime, bonne, douce, pleine de candeur, modèle de ces graces innocentes qui s'ignorent elles-mêmes, remplie de talens, et dont la moindre qualité était d'être extrêmement jolie. Spirituelle, affectueuse, elle offrait l'exemple le plus désintéressé de la piété filiale. Elle a survécu à son père, et survécu pour souffrir. Il doit y avoir dans le ciel des anges dont Dieu a éprouvé la vertu sur la terre.

« Lorsque Cailhava eût reçu, si je puis ainsi m'exprimer, ma confession,

— « Monsieur, me dit-il après un moment de silence réfléchi, je vous remercie de l'honneur que vous me faites par un choix qui me rend fier de ma réputation; oui, je peux faire arriver jusqu'à Ferdinand VII l'avis qui lui sauvera la vie; mais, à mon tour, j'y mettrai une condition; c'est que je ne révèlerai pas le nom de la personne dont je devrai me servir comme intermédiaire, et que vous-même, vous ne cher-

cherez point à le savoir. Je ne veux ni l'exposer, ni m'exposer moi-même. Je me dois à ma pauvre fille; que deviendrait-elle si la colère de Napoléon tombait sur moi?

« Je lui remis une copie de la lettre dont j'ai parlé, copie que j'avais faite le matin, en ayant soin de déguiser mon écriture et de choisir pour cela de l'encre et du papier différens de ceux dont je me servais ordinairement, et nous nous séparâmes. Il fut en outre convenu que nous éviterions toute apparence d'intimité, mais qu'on me ferait savoir le résultat de cette importante communication.

« Plusieurs mois s'étaient écoulés depuis mon entrevue avec Cailhava, et je ne pensais pour ainsi dire plus à cette affaire, lorsqu'un matin mon domestique, entrant dans ma chambre un peu plus tôt que de coutume, me dit qu'un jeune homme demandait à me parler. Dès le premier coup d'œil, je reconnus un enfant de l'Ibérie, moins à ses yeux noirs et à son teint bazané qu'à l'expression discrète et mystérieuse de sa physionomie. Il n'eut pas besoin de me dire un seul mot pour me faire comprendre qu'il désirait de me parler sans témoins. Quand mon domestique fut sorti, il articula à voix basse les mots suivans :

— « *Il* te salue; *il* te remercie; grace à toi, *il* peut prier Dieu pour ses ennemis et pour ta conservation. Si la sainte Vierge le ramène en Espagne, *il* se souviendra de toi.

« Je compris facilement, comme on peut le croire, le sens de cette phrase mystérieuse; mais, ce qui me surprit, c'est que, aussitôt que le jeune Espagnol l'eut achevée, il se retira sans attendre ma réponse. Je n'en ai jamais entendu parler depuis, et je n'ai point non plus cherché à suivre les traces de cette affaire; je sais seulement que l'excellent M. Cailhava mourut au mois de juin 1813, à Sceaux, où il s'était retiré; je sais encore, et je voudrais pouvoir l'oublier, que lorqu'en 1814, Ferdinand VII est remonté sur son trône, il n'a pas voulu se souvenir d'un acte de dévoûment bien bénévole de ma part. Une fois, une seule fois, une personne admise dans son intimité a voulu le lui rappeler, et sa réponse a été la défense expresse de lui en parler davantage. Si le jeune Espagnol qui a rempli auprès de moi la discrète mission que j'ai rapportée tout à l'heure vit encore, il peut juger si, dans tout ce qui précède, j'ai fardé la vérité. L'ingratitude est un fruit royal qui vient spontanément à l'ombre d'une couronne. »

CHAPITRE VII.

Je ne pense pas que l'on me reproche d'avoir fait à une plume obligeante et amie l'emprunt qui précède. Maintenant, je reviens à mon propre fonds, c'est-à-dire, aux souvenirs de la brillante et trop courte période qui sépara la paix de Tilsitt des déplorables affaires d'Espagne : c'est le temps de l'empire où l'on s'arrête avec le plus de complaisance; le présent y brille de tout son éclat; le passé s'y repose avec sa longue série de miracles; et l'avenir!.... aucun nuage ne l'obscurcissait encore. Jamais la vie n'a été plus douce, plus aimable; et la société de Paris, malgré ces petites jalousies, ces picoteries qui sont de tous les temps, offrait ce charme indéfinissable qui naît de l'esprit de bienveillance. A ce propos, puisque j'ai parlé des soirées musicales de Lambert, je dirai ici quelques mots d'une autre réunion qui déjà, à la vérité, n'existait plus; mais dont les membres épars se rencontraient tous les jours.

Avant le départ d'Esménard pour son fatal voyage d'Italie, où il perdit la vie, sa maison était le rendez-vous habituel des gens de lettres, et, par conséquent, la plus agréable qu'il fût possible de fréquenter. Madame Esménard en faisait les honneurs avec une grace infinie. Là, venaient assidûment les plus hauts personnages de l'empire; des femmes charmantes, des savans et des littérateurs. On accusait bien un peu la maîtresse de la maison de compter au nombre des disciples de Lalande et de Sylvain-Maréchal, de pousser un peu trop loin, surtout pour une femme, les principes philosophiques du dernier siècle, mais c'était un travers de son esprit, que le temps, l'expérience et le malheur auront sans doute redressé, et qui d'ailleurs n'alla point jusqu'à son cœur. Je la vois encore brillante de beauté, se livrant sans affectation aux élans d'une imagination riche et féconde; je la vois surtout ayant auprès d'elle ses deux jeunes filles ou plutôt ses deux anges.

Esménard était provençal; il avait débuté dans le monde par une mission que lui avait donnée, en 1790, la ville d'Aix auprès de l'Assemblée constituante. La sagacité de son esprit lui ayant bientôt fait voir que l'on ne faisait fortune qu'à Paris, il se fixa dans la capitale où il contribua à la rédaction de plusieurs journaux royalistes, ce qui le força à quitter la France après le 10 août. Il voyagea ou plutôt il erra tour à tour en Angleterre, en Allemagne, en Italie, et partout la grace de son esprit le fit bien accueillir, quoiqu'on lui reprochât, non sans raison, d'affecter de grands airs, en un mot, de faire l'important, comme s'il eût eu à sa disposition tous les secrets d'État de l'Europe.

Le règne de la Terreur passé, Esménard revint en France; il y végétait lorsque, en 1796, M. de Schimmel-Penning, qui depuis fut placé à la tête du gouvernement batave dont il était alors l'ambassadeur à Paris, lui donna une place dans ses bureaux. Mais il fallait à Esménard du mouvement, d'autres diraient de l'intrigue; bientôt il fut affilié aux conciliabules dans lesquels MM. de Montesquiou, l'abbé Brottier, David, de Clermont-Gallerande, de la Villeheurnois, La Harpe, Serisy et quelques autres se donnaient le plaisir de faire, au moins une fois par jour, la restauration de la monarchie. Il s'ensuivit qu'après le 18 fructidor, il fut traité comme émigré, et, comme tel, contraint à se cacher. Son asile ayant été découvert, on l'enferma au Temple, et, peu après, il obtint, comme une faveur, d'être conduit sur la rive droite du Rhin. Ses ennemis, et Esménard en avait beaucoup, prétendirent que cet exil n'était qu'une feinte, que le résultat d'un traité conclu avec le Directoire; mais ce sont de ces choses qu'il ne faut point admettre légèrement, car trop souvent c'est la haine seule qui les propage.

Quoi qu'il en soit, Esménard fut un de ceux auxquels le 18 brumaire rouvrit les portes de la patrie; il revint en même temps que La Harpe, Fontanes et Chateaubriand. Esménard fut nommé chef du bureau des théâtres au ministère de l'intérieur, et l'on crut remarquer que ses fonctions lui donnaient des relations trop fréquentes avec le ministre de la police. La vérité est qu'il y puisait des instructions pour organiser une police conservatrice à Saint-Domingue, où il accompagna le général Leclerc, lors de l'expédition de 1802.

Le mauvais succès de cette expédition et la mort du général en chef ramenèrent Esménard en France, mais ce fut pour peu de temps; en effet, presqu'à son arrivée, il reçut du premier consul une mission secrète pour les États-Unis, avec le titre ostensible de secrétaire général du gouvernement de la Martinique. Il ne fit que toucher barre dans cette colonie et tout aussitôt se rendit dans l'Amérique du Nord, où il remplit sa mission avec talent. Il revint encore en France dans les derniers mois de l'année 1804, un peu avant le couronnement de l'empereur.

A dater de cette époque, Esménard fut ouvertement attaché à la haute police, c'est-à-dire qu'il eut la haute main sur les théâtres et les journaux. A Véronne, dans un de ses voyages, il avait sollicité, en 1795, des pleins pouvoirs de Louis XVIII pour servir sa cause, et il était alors dévoué corps et ame au service de Napoléon. Ce n'est point un reproche que je lui adresse, c'est un fait que je cite ; je me suis battu pour défendre Louis XVI au 10 août, et Napoléon n'eut pas de serviteur plus dévoué que moi; mais on lui jetait la pierre, peut-être pour ne point en être atteint. D'ailleurs on était jaloux d'Esménard, et sa manière de vivre excusait, si elle ne justifiait pas cette jalousie. Il portait la tête si haute, que le duc de Lauraguais prétendait qu'il aurait fallu lui mettre une *martingale*. N'ayant point de fortune connue, il dépensait un argent fou ; le luxe de sa maison était poussé jusqu'à l'extravagance ; mais l'empereur était content de ses services, et, en pareil cas, la munificence impériale n'avait pas de bornes ; et puis, il faut bien le dire, Napoléon n'aimait pas que l'on thésaurisât ; il voulait que l'on dépensât largement le fruit de ses largesses; il lui semblait qu'une économie faite sur ses générosités était dictée par une arrière-pensée, par la prévision d'un temps où il ne pourrait plus répandre ses prodigalités calculées. C'était à un tel point que, si Napoléon a changé quatre fois le costume des sénateurs, c'est que, selon lui, les pairs de l'empire avaient des relations trop peu fréquentes avec leurs tailleurs; il voulait tout simplement les contraindre poliment à se faire faire des habits neufs.

Après quelque hésitation, je me décide à n'entrer dans aucun détail sur les causes auxquelles on attribua la disgrace d'Esménard; le fait est que ce fut à la suite d'une disgrace tombée sur lui, comme un coup de foudre, qu'il partit pour l'Italie d'où il ne revint pas. Presque tous *ses amis*, comme cela s'appelle, applaudirent à sa chute; je ferai observer en outre que l'animosité était si grande contre lui, qu'on ne rendit pas justice au mérite de son poème de *la Navigation* qui lui ouvrit les portes de l'Institut où il fut reçu le même jour que M. Lemercier. Le poème de *la Navigation* parut en 1804. Sans doute ce poème pèche par le plan, il manque d'unité; mais il étincelle de beautés de détail.

Aux soirées d'Esménard venait souvent M. Cuvier, c'est-à-dire, la science concentrée dans un vaste cerveau humain. Déjà sa réputation était universelle, et cependant elle n'approchait pas de ce qu'elle est devenue depuis. La diversité de ses connaissances égalait leur étendue; érudit, écrivain supérieur, administrateur habile, profond politique, Cuvier était en même temps dans le monde l'homme le plus aimable que l'on pût rencontrer; il y causait avec une résignation que l'on aurait pu prendre pour de la complaisance; et cependant, quel homme a jamais mieux connu la valeur du temps? pour n'en point perdre, pour qu'aucune de ses vastes idées ne lui échappât, il savait écrire, non pas seulement, comme on dit, sur le coin de la cheminée, mais sur le creux de sa main gauche qui maintes fois lui servit de pupitre, même lorsqu'il était en voiture. Sa mémoire était, si l'on peut ainsi dire, effrayante; il indiquait le rayon, la place, le numéro d'ordre de tel livre qu'il désignait de sa nombreuse bibliothèque, et dans quel chapitre et souvent à quelle page, l'on trouverait tel ou tel renseignement. C'est ainsi qu'il abrégeait d'un seul mot le travail de ses secrétaires.

Si d'ailleurs Cuvier consentait à donner un peu de son temps dans un salon étranger, il n'aimait pas qu'on vînt chez lui le lui prendre. Dans ses études d'histoire naturelle, il n'avait pas trouvé dans tout le règne animal une espèce, une classe, une famille qui l'effrayât autant que la nombreuse famille des oisifs. Il disait à cette occasion :—Je conçois que M. Haüy vienne me voir, notre conversation est un échange; mais qu'ai-je besoin qu'on m'apprenne qu'il fait chaud ou froid, de la pluie ou du soleil? Mon baromètre et mon thermomètre en savent plus que tous ces visiteurs-là.

M. Haüy, dont la conversation plaisait tant à Cuvier, était un homme d'une simplicité admirable; dans l'excès de sa modestie, il s'efforçait de cacher sa science, comme il y a des hommes toujours prêts à faire parade de ce qu'ils ne savent pas. Il lui semblait que le premier venu pouvait l'instruire. Bon, affable, tout entier à l'étude, le monde politique était pour lui un monde idéal auquel il ajoutait si peu d'importance, qu'un serment à un gouvernement nouveau lui paraissait une vaine formule. Il avait, sans aucune difficulté comme sans aucun scrupule, prêté le serment voulu à la république, au directoire, au consulat; seulement il trouvait que cette cérémonie revenait un peu trop souvent; cela le dérangeait; aussi, quand il s'agit du serment à prêter à l'empire, il dit avec une naïveté admirable au fonctionnaire chargé de recevoir le sien : — Monsieur, ne vous serait-il pas possible, une fois pour toutes, d'enregistrer le serment solennel que je fais d'avance à quiconque gouvernera de lui obéir en toutes choses et de lui rester toujours fidèle? Cela serait pour moi une grande économie de temps. — Il ne comprenait rien à cette prétention de durée éternelle dont tout gouvernement est infatué le jour de sa naissance.

Dans les maisons où se réunissaient l'élite de la littérature et les hommes d'esprit qui faisaient leurs premiers pas dans cette carrière épineuse, je me trouvai assez souvent avec le jeune Alissan de Chazet, qui était très-bon à rencontrer; c'était un homme sociable, de bon ton, de bonne compagnie, et essentiellement obligeant. Je l'ai perdu de vue depuis la restauration; il s'y est attaché sans restrictions, et sa fidélité au malheur lui a valu l'estime de tous les parties, en éprouvant que ses opinions étaient sincères et que ses convictions étaient profondes.

Il y avait alors une joyeuse cohorte d'auteurs et de chansonniers qui faisaient les délices de nos réunions. Armand Charlemagne, avec l'apparence encore jeune, en était un des doyens, conjointement avec Barré, Radet et Desfontaines, trio que l'on appelait les trois têtes dans un bonnet; Piis aussi s'essoufflait en soufflant dans son galoubet émérite; le vieux Lanjon souriait à ses successeurs et chevrotait encore les refrains de ses disciples, mais la vieille chanson déposait son sceptre entre les mains de la chanson nouvelle; Désaugiers s'en empara; il le conserva sans partage jusqu'au moment où Béranger vint le lui disputer sans le lui arracher. Désaugiers était le fils aîné de la joie, l'homme sans souci, sans remords, sans arrière-pensée; il se livrait aux entraînemens d'une muse sympathique; il animait les convives, parfumait ses couplets de l'odeur des banquets; le Champagne était pour lui ce que le Falerne avait été pour Horace, un dieu inspirateur. Autour de Désaugiers marchaient, en bataillon serré, le caustique Martainville, l'excellent Brasier, et Merle, arrivé tout récemment et tout exprès de Montpellier pour servir d'appui à la verte maturité de l'Ermite de la Chaussée-d'Antin. Coupigny se glissait dans cette société, armé de petits vers bien roses et portant dans sa poche la ligne malencontreuse avec laquelle il n'avait pu prendre un seul goujon dans la matinée, car Coupigny était un intrépide pêcheur. J'aime à parler de ce temps, j'aime à me reporter par la pensée au milieu de ces enfans du plaisir, tous si bons, si aimables; cela me rajeunit.

A cette époque, Béranger était peu connu; je ne sais même s'il avait déjà couronné son roi d'Yvetot d'un simple bonnet de coton. J'estime beaucoup sa gloire, mais je ne l'aime point; elle est entée sur nos malheurs. Je me donnerai bien de garde de comparer sa poésie acerbe à la poésie expansive de Désaugiers, la muse de l'indignation à celle de l'amour, et la légitime irascibilité d'un poète à jeun à la nonchalance inspirée d'un poète en goguettes; j'ai beaucoup aimé l'un, je les admire tous les deux; et, pour bien jouir des choses, il ne faut jamais établir entre elles de comparaison. Où en seraient les femmes, si la plus jolie seule était belle?

En dehors de la bande joyeuse se trouvait un poète que nous aimions tous, à cause de sa bonhomie malicieuse qui rapprochait son caractère de celui de La Fontaine, auquel il ressemblait d'ailleurs par ses innombrables distractions. C'était Parseval-Grandmaison. Bien différent des auteurs dont la renommée n'a proclamé le génie qu'après leur mort, il jouissait de sa réputation, non seulement de son vivant, mais même avant d'avoir rien publié. On savait seulement qu'il avait fait partie de l'Institut d'Égypte, et que depuis lors il travaillait à un poème de *Philippe-Auguste*, qui n'aurait pas moins de vingt chants et de vingt mille vers. On en parlait comme d'une œuvre qui donnerait enfin à la France un poème épique. Il a paru en douze chants, plusieurs années après la restauration, et déjà *Philippe-Auguste* est une œuvre presque oubliée ; non que ce soit un poème sans mérite, mais parce qu'il ne satisfait point les exigences nouvelles, parce qu'il appartient à une école tombée dans un discrédit que je ne crois que momentané, l'école de l'abbé Delille.

Mais je m'aperçois que j'allais poser un pied téméraire dans le domaine de la critique littéraire ; je me hâte donc de revenir sur mes pas, et de me replacer à l'époque où Parseval-Grandmaison ne jouissait encore que d'une réputation de salons, tout en dehors de l'Académie où il ne fut admis que dans les Cent-Jours, dans cette singulière séance où Lucien Bonaparte lut des fragmens en vers sur *les Rapsodes d'Homère*. Parseval publia d'abord un poème intitulé *les Amours épiques*, qui donna du corps à l'ombre de sa précoce renommée. Ce poème était, non pas une traduction littérale, mais une imitation souvent heureuse de quelques passages d'Homère, de Virgile, de Dante, de l'Arioste, du Tasse, du Camoëns et de Milton; l'élégance de la versification ne compensait pas suffisamment l'absence d'invention; plusieurs chants de *Philippe-Auguste* prouvèrent que le poète pouvait aussi inventer. Au surplus, si, vers l'année 1808, Parseval-Grandmaison n'était pas encore connu du public, littérairement parlant, il l'était de ses nombreux amis pour l'aménité de son caractère et surtout par sa distraction, devenue proverbiale. Il eût oublié son nom, le numéro de sa maison, que cela eût passé inaperçu. Il lui arriva plus d'une fois de confondre l'heure d'un rendez-vous d'affaires avec l'heure d'un rendez-vous d'amour; plus d'un notaire, j'en suis sûr, conserve dans ses dossiers quelque déclaration galante écrite de sa main, et je sais une jolie femme à qui Parseval-Grandmaison adressa un jour un modèle de procuration; plus d'une fois il lui arriva d'aller demander à dîner à un ami que ce jour-là même il avait invité à dîner chez lui.

Souvent, sans mauvaise intention aucune, il disait aux gens, parlant à leur personne, les vérités les plus dures; il croyait s'adresser à un autre, et la naïveté de ces épigrammes par méprise les rendait sanglantes en toute innocence; cependant on ne lui en voulait pas. Quant à moi, voici ce qui m'arriva un jour avec lui, précisément à l'époque dont je parle en ce moment :

Grandmaison, que l'empereur avait nommé membre du conseil des prises, place dont les fonctions étaient très-bien rétribuées, occupait alors un joli appartement au troisième, dans la maison située à l'angle de la rue des Moulins et de la rue Neuve-des-Petits-Champs. Tout le monde avait alors un jour de réception; le jour de Grandmaison était, je crois, le mercredi. Je le connaissais déjà, mais je n'avais pas encore été chez lui. Voici ce qui m'y conduisit fortuitement. Un mercredi, j'avais dîné chez madame de Vergennes, mère de madame de Rémusat et de madame de Nansouty, toutes deux remarquablement aimables, mais moins toutefois que leur mère. Ce jour-là, la comtesse de Vanoise, d'un esprit fort aigrelet et dont le clignement d'yeux me déplaisait au par dessus, dînait avec nous, et sa ravissante fille Constance, l'une des plus jolies personnes de Paris, et qui depuis épousa un de mes bons amis, le comte de Villeblanche, dont le fils, auditeur au conseil d'État et fort habile musicien, fut tué d'un boulet de canon au moment où il portait ses dépêches à l'empereur sur un champ de bataille. Pardon de tant de circonstances, mais elles me reviennent à la mémoire comme s'il n'y avait pas tout-à-l'heure trente ans de cela. Vers neuf heures, madame de Vanoise voulut se retirer pour aller avec sa fille à la soirée de son frère; elle était sœur de Parseval-Grandmaison; on envoya chercher une voiture de place, mais, comme il pleuvait très-fort, on n'en trouva pas. Alors j'offris à madame de Vanoise de la conduire dans ma voiture, ce qu'elle voulut bien accepter. Arrivés à la rue des Moulins, madame de Vanoise me pressa de monter avec elle chez son frère, et je ne me fis point prier, d'autant plus que j'étais sûr d'y rencontrer du monde de ma connaissance.

Je ne me trompais point. J'y trouvai en effet M. Dudon, auditeur au conseil d'État, qui a joué un rôle douteux depuis, et avec lui la belle madame Mac-Mahon qu'il a ensuite épousée et dont il était alors l'inséparable chevalier servant. J'y vis aussi un jeune homme au nez pointu, dont Parseval-Grandmaison nourrissait l'ingratitude, et qui préludait par des sarcasmes à l'acrimonie de ses futurs réquisitoires; c'était Marchangy. Je remarquai dans les diverses pièces de l'appartement beaucoup de tableaux qui n'étaient point sans mérite; ce ne fut pas sans surprise que j'appris qu'ils étaient l'œuvre du poète.

Quant à celui-ci, voici ce qui m'arriva quand je sortis de chez lui avec sa sœur et sa nièce. Il voulut absolument, car il était d'une politesse exquise, donner la main à madame de Vanoise pour la reconduire jusqu'au bas de l'escalier. Mais ne voilà-t-il pas qu'il s'empara de ma main au lieu de celle de la comtesse; il se confondit en formules bienveillantes, me disant : —Ma sœur!... ah!.... ah!... ma sœur! Il souriait aux anges et ne s'aperçut pas même de sa méprise dont nous rîmes aux éclats, madame de Vanoise et moi.

Voici une autre aventure de Parseval-Grandmaison ; mais celle-ci je ne l'ai recueillie que sur ouï-dire. Il était fort agréable de sa personne, très-galant, fort amateur de la beauté et un peu homme à bonnes fortunes. Un jour, il avait noté sur son *agenda :* « A onze heures du matin, chez M. P..., mon agent de change : à midi, chez le sénateur Vimars : à deux heures, dans ma chambre de garçon, rue du Bouloy, où madame P.... m'a donné rendez-vous. » Or, madame P... était la femme de M. P..., l'agent de change. Mon Grandmaison, le lendemain, commença par confondre les heures indicatives de ses rendez-vous : à onze heures, il était chez le sénateur Vimars ; celui-ci le fait prier d'attendre ; il attend et s'endort, comme cela lui arrivait fréquemment. Bientôt il s'éveille en sursaut, se souvient de ses trois rendez-vous, renonce à celui pour lequel il était tout porté et court chez M. P.... Il arrive tout essoufflé ; là, comme il était connu, on ne le fait point attendre et il entre dans le cabinet de l'agent de change. Mais celui-ci étant occupé prie son client de vouloir bien revenir le lendemain, à onze heures précises. — Très-volontiers, dit Grandmaison ; d'autant plus, ajouta-t-il, avec ce sourire indéterminé qui errait fréquemment sur ses lèvres, d'autant plus, mon cher, que je n'aurais pas pu rester long-temps sans faire attendre une femme charmante.

— Ah! ah! toujours galant?

— Eh!

— Peut-on sans indiscrétion vous demander.....

— Vous ne la connaissez pas?

— Mais encore...

— C'est la femme d'un agent de change, d'un bon diable, mon ami. Adieu, à demain.

— Et où donc allez-vous?

—Où?.... attendez.... c'est.... oui, rue du Bouloy, n... Et le voilà parti.

M. P... n'était point jaloux, mais il était fort curieux. Il ne lui vint aucune arrière-pensée capable de lui faire soupçonner une catastrophe conjugale, mais il voulut juger par lui-même du bon goût de Grandmaison et alla se mettre en sentinelle dans la rue du Bouloy à peu de distance du numéro fatal. Après une heure et demie d'attente, il eut la satisfaction de voir sortir madame P.... d'une boutique attenante à la maison.

Parmi les poètes du temps qui fréquentaient le salon de madame Esménard, je ne saurais oublier un type gascon vraiment remarquable. Peut-être sur cette indication, a-t-on déjà nommé avant moi M. Baour Lormian, le traducteur d'*Ossian*, et de la *Jérusalem délivrée* ; l'auteur d'*Omasis* et de trois satyres qu'il intitula : *Mes trois mots.* Écouchard Lebrun, qui acceptait le sobriquet de pindarique, lui payait fort assidûment la rente d'une épigramme par jour ; mais le poète de Toulouse s'en consolait en se proclamant fièrement *le poète de l'empereur !* La prétention était peu modeste, mais M. Baour Lormian était un homme d'un incontestable talent; toujours sur la brèche, il avait fort à faire pour batailler contre ses nombreux antagonistes, car il avait aussi à se défendre contre Chénier et Laya dans cette guerre d'épigrammes;

l'excès de sa jactance prêtait beaucoup contre lui; mais, s'il fut souvent battu, il rendit aussi de bons coups. Le public s'intéressait alors à ces sortes de combats où l'amour-propre des auteurs était un jeu. Delrieu, bon, excellent homme, n'avait pas encore, je crois, fait représenter sa tragédie d'Artaxerce, qui eut un si brillant succès; mais on racontait déjà de lui une foule de traits de vanité naïve, qui l'appellent à recueillir un jour, au moins une partie de l'héritage de Baour Lormian. Je voyais aussi dans ces réunions Creusé de Lesser qui, dans ces derniers temps, a eu beaucoup d'imitateurs, et, quoi que l'on en puisse dire, fort peu de rivaux dans l'art de faire revivre l'ancienne chevalerie et de ressusciter le moyen âge. Ce n'était pas non plus, je dois le dire, par l'excès de sa modestie qu'il brillait; devenu administrateur distingué, il fit preuve d'un autre genre de mérite, mais parut toujours préférer les lauriers, recueillis même à l'Opéra-Comique, à la branche de chêne de l'administration. Madame de Lesser était le modèle de la tendresse conjugale; mais elle avait le malheur d'être affiliée au comité des femmes d'auteurs où brillaient madame Daucourt-Saint-Just, et même madame de la Chabeaussière, un peu trop empressées à proclamer la gloire de leurs maris. Cela faisait l'éloge de leur cœur.

Luce de Lancival brillait surtout par sa conversation vive et animée, la spontanéité de ses saillies et sa verve intarissable au milieu de ses émules ; après l'abbé Delille, Luce de Lancival était peut-être l'homme qui a poussé le plus loin l'art de bien lire ; quand il récitait ses vers, on n'en trouvait point de défectueux ; il tenait ses auditeurs sous le charme ; je ne m'excuserai point d'avoir un jour pleuré, comme toute une bonne et nombreuse compagnie, en lui entendant lire son *Épître à l'ombre de Caroline*. Je l'ai relue depuis, et cela m'a paru passablement médiocre. Malheureux au théâtre, Luce de Lancival commença par subir deux chutes que lui attirèrent sa tragédie de *Périandre*, et sa comédie du *Lord impromptu*. Peu après, il prit une éclatante revanche. *La mort d'Hector* fit déposer sur le front de son auteur la couronne du prix décennal que l'empereur avait fondé et qui ne fut décerné qu'une fois. M. de Jouy l'obtint en même temps pour son opéra de *la Vestale*. On se rappelle qu'à la couronne décennale était jointe une médaille de dix mille francs. *La mort d'Hector*, malgré la supériorité du jeu de Talma, et la présence de Lafon, de mademoiselle Georges et de mademoiselle Duchesnois dans la même pièce, n'eut pas un grand nombre de représentations; cette pièce appartenait au genre que l'on appelle le genre admiratif; mais le dernier acte restera toujours comme un modèle d'élégance et de pureté, comme une magnifique imitation du plus beau passage d'Homère ! les adieux d'Hector et d'Andromaque à la porte de Scée.

Ici je dois me mettre en garde contre une prétention que l'on pourrait me supposer bien gratuitement; non, certes, je ne prétends point passer en revue les célébrités littéraires plus ou moins légitimes, plus ou moins apocryphes, et classer chacun selon ses mérites; je parle seulement des hommes que j'ai le plus connus, avec lesquels je me suis trouvé en contact habituel

Luce était un de ceux que j'aimais le mieux, parce que son démon littéraire ne l'accompagnait pas toujours, et que, s'il était professeur brillant à l'Athénée, il savait dans un salon n'être qu'un homme du monde très-aimable. Le pauvre diable, il avait une jambe de moins, et ce n'était pas au service du dieu Mars qu'il l'avait perdue.

D'Avrigny, lui, était un personnage de comédie à cause de la constante intrépidité de bonne opinion qu'il avait de lui. On le comparait à un ballon gonflé de vent; et je n'oserais dire que l'on eût tort. Arrivait-il un événement important, trois jours après sa publication dans le *journal de l'Empire*, on était sûr de le trouver, traduit en ode, dans la poche de d'Avrigny. Du reste il était très-bon à entendre pour ceux qui aimaient mieux s'amuser de lui que de ce qu'il disait. Un jour je me rappelle de lui avoir entendu dire : — Je rends parfaitement justice à J. B. Rousseau et à Lebrun; mais je dirai avec la même franchise, que je crois être plus correct que Lebrun, et plus chaleureux que Rousseau.

On sait que c'était alors le temps des mystifications; je ne résistai point au désir d'en ourdir une fort innocente contre d'Avrigny, et j'eus le plaisir en me moquant de lui de le rendre le plus heureux des hommes. Ayant, je ne sais comment, en ma possession un feuillet de papier très-épais, recouvert de caractères chinois, j'imaginai de le mettre sous enveloppe avec une suscription renouvelée, je crois, de Montesquieu: *A Monsieur d'Avrigny*, EN EUROPE. Grace à l'exactitude avec laquelle j'indiquai à mon valet de chambre la demeure de M. d'Avrigny, la lettre lui parvint; on l'avait portée chez lui à une heure où il était sorti, et le portier dut lui dire qu'elle lui avait été remise par un négociant du Hâvre, arrivant de la Chine. D'Avrigny ne se sentait pas de joie; il allait partout colportant sa lettre et je n'oserais pas assurer qu'elle ne fit point de jaloux parmi ses confrères. Cependant son embarras était grand pour en connaître le contenu. Or, j'eus la bonne fortune qu'il me montrât aussi sa lettre de Chine; je lui conseillai de se la faire expliquer par M. Amilhau, ce qu'il fit sans plus tarder. M. Amilhau lut couramment une facture d'envoi de thé de diverses espèces, mais cela ne suffit point pour détromper d'Avrigny; il dit partout que les prétendus orientalistes de Paris étaient des charlatans; et que M. Amilhau, entre autres, ne savait pas un mot de chinois. De cette aventure le bon d'Avrigny fut surnommé le Japonnais.

Telles étaient nos récréations, je dirais presque nos jeux d'enfans; mais il n'en n'était point de plus douces pour moi que le droit, attaché à nos charges, d'aller aux théâtres impériaux dans les loges de l'empereur.

CHAPITRE VIII.

L'EMPEREUR revint de son voyage d'Italie, le premier janvier 1808. Dès qu'il eut mis le pied aux Tuileries, il s'occupa d'organiser de nouveaux systèmes; il fit filer un grand nombre de troupes sur l'Espagne, sous le prétexte de renforcer les garnisons du Portugal. Il licencia les gardes nationales de l'Ouest, mises en activité dès l'année précédente, sous le commandement du général Canclaux, dont on se rappelle sans doute le souper à Strasbourg, avec le prince Max et le comte de Saint-Germain.

Aux premières audiences de S. M., nous vîmes arriver une foule de seigneurs russes, empressés de se faire présenter par le comte de Tolstoy. Parmi les nouveaux venus se trouvaient M. Demidoff, conseiller privé de l'empereur Alexandre, et qui n'en était pas à son premier voyage à Paris; le prince Nicolas Gargarin, chambellan; le comte Apraxin, le comte d'Olgorouski, et une foule d'autres dont il serait fort inutile de rapporter ici les noms. Le prince Sapieha, en sa qualité de Polonais, n'avait point quitté la France durant la guerre.

Nous ne songions alors qu'à jouir de la paix continentale partout rétablie, et nous espérions qu'enfin l'Angleterre se rendrait aux vœux de l'humanité.

Comme il fallait s'occuper de quelque chose, nous prîmes tous une grande part à une petite guerre qui s'éleva alors dans le sein du *Journal de l'Empire*, et moi plus qu'un autre, à cause de mes fréquentes relations avec madame de Genlis. A mon retour j'avais été lui rendre visite, et elle me dit qu'elle était furieuse contre les rédacteurs de ce journal, qu'elle embrassait tous dans la même proscription. Sans me dire un seul mot de mon voyage, sans même une de ces phrases bannales que mieux que personne elle avait à son service :

— Hé bien ! Monsieur, me dit-elle, est-ce que je suis aussi méprisée à Florence et à Rome qu'à Paris ? les chiens de la littérature se précipitent-ils là, comme ici, sur moi dont on a fait une autre Jésabel.

— Hé ! Madame, dis-je, mourant de peur d'être mêlé à ses querelles — et il était fort difficile que cela ne fût pas, lorsqu'on était dans son intimité — on vous y respecte, on vous y honore, on y lit vos ouvrages, ils y font fureur. Ceux qui ne sont pas assez heureux pour les lire dans l'original, en dévorent la traduction. Quels sont les Welches, les Allobroges assez dépourvus de goût et d'urbanité pour vous outrager de la sorte ? Est-ce dans une maison de fous ?

— C'est en pleine Académie, c'est dans les pages du *Journal de l'Empire*, ce sont vos intimes, vos merveilleux amis, l'abbé de Feletz, dont la malignité arrogante s'en va prônant que le culte des dames lui est en horreur.

— Hé, Madame, c'est un souvenir de son ancien état; il est encore, sans doute, trop bon prêtre pour oublier le plus difficile de ses vœux; ce ne peut être que dans cet esprit religieux, qu'il proclame une chose que, selon les lois du monde, tous les honnêtes gens regardent comme une hérésie.

— C'est, poursuivit-elle, M. Hoffmann qui dénigre tous mes ouvrages, parce qu'il en est jaloux; ce sont l'impie Jondot, le démagogue Malte-Brun. Si vous saviez comme ils ont traité *mon pauvre Siége de la Rochelle*, le meilleur roman que j'aie sûrement jamais écrit: c'est une indignité! une horreur!

— Mais, Madame, si j'ai bonne mémoire, ce sont, je crois, vos *Mères rivales* que vous regardiez comme votre chef-d'œuvre.

— Oh ! ce sont des hommes atroces. Ils m'en veulent parce que je suis catholique; je les en ferai repentir.

J'avais lu les articles dont la bonne comtesse se plaignait ; ils étaient spirituels, malins, mais je n'y avais rien remarqué qui outrepassât les bornes d'une critique honnête, rien qui fût en dehors des égards qu'exigeaient le rang et le mérite de l'auteur, et surtout son âge et son sexe ; mais elle était douée d'un amour-propre si furieux , qu'il aurait fallu, pour lui plaire, l'asphyxier dans une atmosphère d'encens.

Je me rappelle de lui avoir apporté un jour le compte-rendu de l'un de ses ouvrages qu'elle m'avait demandé , et qui devait être inséré dans je ne sais plus quel journal à sa dévotion ; dans mon article je portais le livre et l'auteur aux nues ; je m'étais permis, non une critique, mais l'ombre d'une critique, d'une observation , afin de montrer une impartialité qui tournerait au profit de mes éloges. Quand madame de Genlis en vint à ce passage si légèrement restrictif :

— Pensez-vous ce que vous dites-là? me demanda-t-elle sévèrement.

— Moi! mon Dieu non, je vous le jure.

Et je lui expliquai alors le motif qui m'avait fait agir ainsi.

— Rayez, rayez cela, répliqua-t-elle. Pourquoi, si vous trouvez tout bon, dire le contraire? Pouquoi cette lâche condescendance envers mes ennemis? j'aime la franchise; je blâme un trait, parce qu'un trait fait mal; vous me louez par la raison contraire, et vous faites bien..... Elle reprit mon travail, ajouta quelques louanges nouvelles aux éloges qu'il contenait déjà, et se loua avec une impudeur dont je rougissais pour elle. Alors me rendant l'article ainsi corrigé:

— Voilà qui est bien, dit-elle; maintenant votre impartialité est à l'abri de tout reproche.

Ceci n'est point, comme on pourrait le croire, un texte que je me sois amusé à broder à plaisir. C'est une anecdote de la plus scrupuleuse vérité, sans enjolivement, telle qu'elle s'est passée entre madame de Genlis et moi; je n'ai jamais été historien plus fidèle. Quand j'y songe et que je me rappelle quelques autres exemples analogues, je crois que l'amour-propre, poussé à un certain degré, est une maladie réelle, une sorte de folie. J'ai vu peu de personnes qui en fussent atteintes autant que madame de Genlis; pour elle, toute comparaison était une injure. Ainsi organisée, on concevra avec quelle rage — le mot n'est pas trop fort — elle lisait les spirituels feuilletons de l'abbé de Feletz, et on jugera si elle était femme à lui pardonner.

Le caustique Hoffmann n'était pas moins que l'abbé de Feletz l'objet de la haine de madame de Genlis; elle était plus que femme dans ses inspirations de vengeance; sous ce rapport, elle participait du Dieu. Napoléon l'avait chargée, à sa sollicitation, de lui écrire toutes les semaines une lettre, lui permettant de traiter de tous les sujets littéraires et même politiques (1). Elle ne

[1] L'empereur eut deux correspondans de ce genre, sans compter l'abbé de Montgaillard; ils étaient de caractères bien différens, dans des positions bien opposées : c'était

manquait pas d'y accommoder ces deux journalistes de toutes pièces. Napoléon, qui savait que je la connaissais, me dit un jour à ce sujet :

— Si j'en croyais madame de Genlis, je ferais mettre Hoffmann et Feletz dans un cul-de-basse-fosse. C'est une mauvaise femme.

L'empereur n'en dit pas davantage.

Cependant, comme au fond j'étais fort attaché à madame de Genlis, je voulus la réconcilier avec les coryphées du *Journal de l'Empire*. Feletz se montra facile et conciliant, mais je ne pus arriver à aucun bon résultat. Je dois dire que je fus très-chaudement secondé dans mes négociations par une femme fort aimable, quoique depuis elle ait publié d'assez pauvres mémoires, la vicomtesse de Fars; elle alla même jusqu'à composer une pièce de vers fort jolis, pendant vingt-quatre heures, et qu'elle adressa à l'abbé Feletz en lui envoyant une paire de ciseaux.

madame de Genlis et le trop fameux Bertrand Barrère; celui-ci avait cessé sa correspondance immédiatement après le retour de Tilsitt.

A la suite de cela, ma négociation eut l'apparence d'un commencement de succès; il fut convenu que madame de Genlis poserait les bases du traité; elle le fit en vainqueur, quoiqu'elle ne le fût pas, et en vainqueur tellement irrité, qu'au lieu d'arriver à une paix définitive, nous n'obtînmes qu'une courte suspension d'armes. Elle posa, pour condition première, que le *Journal de l'Empire* lui serait entièrement asservi; sur cela, chacun de reprendre les armes, et la guerre recommença.

J'aurais pu peut-être ne pas abandonner la partie, obtenir au moins une nouvelle trève, mais je fus distrait de ces occupations d'oisif par un profond chagrin. Il fut causé par la mort d'une de mes meilleures amies, d'une femme excellente, madame de Carcado, fille de M. de Malésieux. Elle mourut à cette époque. Jamais femme ne fut plus regrettée et ne mérita mieux de l'être. Tous ses amis en ont gardé la mémoire, et les pauvres, dont elle était la seconde Providence, la conservèrent long-temps.

Cette femme vertueuse, dit alors le *Journal*

de l'Empire, avait perdu sa fortune; mais son zèle ardent lui créa des ressources pour les malheureux. Sa pieuse charité s'attacha aux victimes de l'indigence dont la vertu est exposée à de grands dangers. Depuis cinq ans, quatre-vingt-dix jeunes personnes avaient trouvé en elle une seconde mère et une protectrice ardente et éclairée. Sans les réunir dans un même établissement, elle sut les placer au milieu de familles estimables, où ces enfans privés de ressources retrouvèrent de bons sentimens et une éducation qui leur assurera une existence honnête. Avec de modiques souscriptions, une économie admirable faisait valoir les plus faibles moyens.

Madame de Carcado légua le soin de ces enfans comme on lègue une riche succession; elle fut acceptée : les bonnes œuvres de cette femme si digne d'éloges ne finirent pas avec elle. Nous nous réunîmes tous ses amis, et nous poursuivîmes l'exécution de son plan.

Madame de Carcado était une sainte sur la terre; aucun de ses jours qui ne fût marqué de bonnes œuvres; l'illustration de sa naissance rehaussait encore la noblesse de son humilité toute chrétienne; et en vérité, quand je pense aux voies miraculeuses dont la Providence se servit quelquefois pour lui manifester sa protection, je ne puis m'empêcher d'y voir quelque chose de surnaturel.

Je me rappelle qu'un jour, dans je ne sais plus quelle circonstance, faute d'une somme de cent louis, elle était sur le point de voir crouler l'édifice qui lui avait tant coûté à élever. Le danger était imminent; durant toute la journée qui précédait le terme fatal, madame de Carcado avait toujours espéré une manifestation fortuite de la Providence; vain espoir, la nuit est venue, elle se couche au désespoir, et le lendemain son réveil fut affreux. Cependant elle se met, comme de coutume, en prières; neuf heures sonnent... On frappe à la porte, on demande madame de Carcado. Elle dit de faire entrer; un homme d'assez mauvaise mine se présente.

— Madame, lui dit-il, j'ai appris dans la journée que vous aviez besoin de deux mille quatre cents francs, j'ai passé ma vie à dépouiller autrui;

hé bien, une force irrésistible me contraint à venir moi-même vous apporter la somme indispensable à votre établissement; la voilà. Ne m'en sachez aucun gré, j'obéis à une puissance absolue. Je n'ai qu'une chose à vous demander en retour : priez Dieu pour moi.

Cela dit, il pose un sac de peau rempli d'or sur la table la plus proche, et se retire sans laisser son nom ni son adresse; on ne l'a jamais revu. Son apparition fut si étonnante, elle eut lieu dans un moment tellement critique, qu'elle produisit sur tous ceux qui en furent témoins une sorte de terreur religieuse dont madame de Carcado ne put elle-même se défendre : on aurait dit d'un ange sauvé par un habitant de l'enfer.

L'ancien duc de Praslin, sénateur et comte de l'empire, mourut vers cette époque; on en faisait l'éloge. Je n'en dirai rien, ne l'ayant pas connu. Il avait adopté les principes de la révolution dès la première assemblée des États généraux, dont il était membre. Il vota constamment avec la minorité de son ordre et la majorité de l'assemblée opposée aux principes monarchiques. Il était ce que l'on appelait alors un sectateur de Voltaire. Cependant, à sa dernière heure, il revint à la religion de son enfance, abjura ses erreurs, mourut en capucin selon Naigeon, et en homme de bien selon le vénérable abbé de Resplas qui le connaissait intimement.

Que ce Naigeon était un plaisant personnage! Fanatique de Diderot, il voyait dans ce philosophe un peu cynique le résumé des temps anciens et modernes. Selon lui, Diderot avait tout dit, tout écrit; on trouvait dans ses œuvres de quoi satisfaire à toutes les exigances. La naïveté de son athéisme, son dévergondage, moitié philosophique et moitié sentimental, aurait pu amuser, car nul ne lui refusait un esprit supérieur; mais comment ne pas être dégoûté par la présence, pour ainsi dire immaculée dans toutes ses pages, de ces maximes subversives dont le but était de détrôner la vertu pour couronner le crime.

M. Naigeon, poudré à blanc, avait toujours dans sa poche un volume de Diderot, où l'auteur prêchait le culte de la folie qu'il prétendait vouer à la raison. Du reste, c'était un faible prédicateur des pernicieux principes renouvelés par Lalande et Silvain-Maréchal, et dont Volney fut un des propagateurs. Naigeon était conservateur de la galerie de tableaux du Luxembourg. Il se prévenait facilement pour ou contre les hommes, selon qu'ils croyaient, ou doutaient, ou niaient la révélation.

Un jeune homme se présente un jour dans son cabinet où il était seul.

— Ah ! M. Naigeon, dit-il en entrant, je viens à vous : il s'agit de sauver de l'abîme un de mes amis près de périr ; nous sommes six amis ; cinq travaillent à répandre la philosophie de l'incomparable Diderot ; le sixième, au contraire, dominé par les prêtres, est sur le point d'entrer au séminaire. Vous ne devineriez jamais la cause de sa vocation subite ; il cède à un désespoir d'amour, il est perdu si l'on ne vient à son secours. Oui, Monsieur, notre ami est éperdûment épris d'une actrice ; mais la cruelle met ses faveurs au prix de cinq cents francs ; en nous cotisant, nous n'avons pu faire cette somme, faute de laquelle une ame honnête va devenir la proie de la superstition, lui qui aurait si bien contribué à *écraser l'infâme* [1].

Le sensible Naigeon soupire à cette nouvelle; il va trouver Volney, Parny, et deux ou trois moralistes du même genre. Les cinq cents francs sont réunis pour l'œuvre méritoire; on les remet au jeune ambassadeur, pour maintenir son ami *dans la bonne voie*. Le lendemain Naigeon reçoit la lettre suivante :

« Monsieur, j'ai donné à mon camarade les « cinq cents francs que je tiens de votre obli- « geance; le pauvre garçon les attendait pour « payer des dettes légitimes. Il a oublié la dan- « seuse, et, à cette heure, il entre au monastère « de la Trappe où il priera Dieu pour vous et « pour ceux qui lui ont facilité les moyens de « sortir de ce monde avec honneur; il ignore « dans quel but vous êtes venu à son aide. Si

[1] Expression consacrée par Voltaire, et qui servait de conclusion aux lettres qu'il adressait aux adeptes philosophes. Quelquefois même il la substituait à sa signature en l'abrégeant de la sorte : *Ecras. l'inf.*

« l'adresse de l'actrice peut vous dédommager « de cette mystification, je la joins à ma lettre. « Je suis, Monsieur, avec une haute considé- « ration. »

Le philosophe Naigeon fut fort vexé de cette mauvaise plaisanterie, et l'on n'en rit que davantage. C'était vraiment pitié que de voir ces prosélytes des mauvaises mœurs, cette haine hideuse, mais heureusement impuissante, des philosophes prétendus.

L'empereur les avait dans une sainte horreur. On ne prononçait jamais devant lui les noms de Voltaire, de d'Alembert, de Diderot, d'Helvétius et du baron d'Holbach, sans lui faire froncer le sourcil. Pour moi, dans ma modeste philosophie, car qui n'a pas la sienne ? je n'ai jamais pu comprendre le fanatisme exercé par des hommes qui voulaient, disaient-ils, arriver au même but, et qui s'entredéchiraient les uns les autres. Sous l'empire, tous ceux qui avaient conservé ces idées devenues populaires et même retardataires pendant la révolution, les favorisaient encore sous main ; aussi, fut-ce un grand événement pour les débris de la secte philosophique, que l'arrivée du docteur Gall, à Paris.

Son système, à lui, je dois me hâter de le reconnaître, n'était pas précisément ce qu'en ont fait ses sectateurs; du moins, il n'en tirait pas les mêmes conclusions qu'eux. Homme d'esprit, médecin habile, il s'était particulièrement appliqué à l'étude du cerveau humain; il eut l'adresse de prendre, dans la science, une place inoccupée, moyen le meilleur et le plus certain, pour faire beaucoup parler de soi. Cette renommée facile ne manqua point au docteur Gall. Dans les salons de Paris, les plus jolies femmes ne parlaient que de protubérances, de penchans irrésistibles; de jolis doigts se tâtaient discrètement, derrière la tête, deux *bosses*, signes extérieurs d'un amour qui n'a rien de platonique, et dès-lors, ce que des esprits faibles eussent pu regarder comme le résultat du vice n'était plus que la conséquence forcée d'une prédestination innée. Un voleur n'était point un malhonnête homme.—Tâtez plutôt, pouvait-il dire à celui dont il dérobait la bourse ou la montre;

si j'ai la protubérance du vol, cela n'est pas ma faute.

La raison publique fit justice de ces jongleries: le ridicule s'en empara; et, invoquant alors la divinité consolatrice des charlatans, comme tous ses pareils, il en appela, à l'avenir qui les oublie, de la légèreté et de l'ignorance d'un siècle incapable de le comprendre.

On ne saurait croire à combien de plaisanteries bonnes et mauvaises, donna lieu la présence du docteur Gall, à Paris, et cependant quelques consciences timorées, prirent son système au sérieux; de graves ecclésiastiques s'en alarmèrent, et peut-être la fantasque bizarrerie, qui en fit un objet de mode, dut-elle sa durée à ceux qui essayèrent de montrer que le docteur avait tort dans ses combinaisons, tandis qu'il fallait le rendre exclusivement justiciable du ridicule. Le docteur Gall fut tympanisé, lui et son système, dans le *Journal de l'Empire*. Le théâtre du Vaudeville s'en empara; il fut chansonné; on porta de petits crânes d'argent et d'or en breloques. Mais ce qui me parut le plus plaisant, ce fut un faux docteur Gall, dont j'avoue que je commençai par être complètement la dupe. Le faux docteur avait un aplomb si imperturbable! il jargonnait si bien l'accent allemand! comment ne m'y serais-je pas mépris?

Le sosie de Gall était le fameux ventriloque Fitz-James. Je me trouvai un jour dans une société où, une heure durant, il fit prendre le change à tout le monde. Rien ne m'amusa comme cette séance. Il avait posé dans le fond d'un carton une poupée comme celles dont se servent les marchandes de modes; avant de la tirer de sa cachette, il nous dit du ton le plus solennel, et toujours avec l'accent allemand: « Voici le crâne de Lucrèce Borgia. » A cette annonce, tous les yeux furent fixés sur lui et chacun attendit avec la plus curieuse anxiété la savante dissertation du docteur. Celui-ci, pour rassurer son monde, pria les dames de n'avoir pas peur. Il nous fit l'histoire de Lucrèce Borgia d'une manière merveilleusement amphigourique; il en détailla le caractère déduit de ses protubérances. Qu'on se figure, si on le peut, l'explosion de rires qui éclata alors que le faux docteur, au moment de commencer sa démonstration, mit en lumière la fameuse poupée. Fitz-James continua son rôle; il soutint *mordicus* qu'il était le docteur, et montra une si belle colère contre ceux qui, disait-il, s'étaient permis une aussi indigne substitution pour compromettre la science, que tout le monde eut un moment d'hésitation.

Parmi les fanatiques du docteur Gall, était au premier rang A..... de R....., l'homme aux poires. Plusieurs personnes se donnèrent le mot pour lui demander s'il était vrai que, dans son enthousiasme, il eût promis sa tête au docteur. — En aucune manière, répondit-il au premier qui lui fit la question convenue. Je vins à mon tour et je lui dis : — Comment! mon cher A...., vous seriez réellement capable d'un pareil sacrifice ? Réfléchissez-y, je vous prie. — Et à quoi? — A ce que l'on dit de vous; que, pour contribuer aux progrès de la science, vous voulez abandonner votre tête au docteur Gall. — C'est une mauvaise plaisanterie ; je ne sais qui a pu y donner lieu. — Je ne pouvais pas le croire. — Je ne conçois rien à cela. Croiriez-vous qu'on m'a déjà dit la même chose ? — En vérité !....

C'était dans le salon d'honneur des Tuileries que je parlais ainsi à A ... de R....., et j'eus bientôt un renfort qui vint à nous. C'était Enard de C.... T...., chambellan de la princesse Borghèse, homme d'une très-grande finesse d'esprit, et doué d'un sang-froid imperturbable.

— Hé bien, mon cher R....., dit-il en nous accostant, qu'est-ce qu'on vient donc de me dire chez l'archichancelier, n'est-ce pas que cela n'est pas vrai? — Mais quoi? — Dam! une chose incroyable, que vous voulez donner votre tête au.... — Allons! toujours la même chose! il faut qu'on se soit donné le mot. — Et ce qu'il y a de plus singulier, c'est que l'archichancelier prétend que vous faites bien; c'est aussi l'avis du prince de Bénévent..... Après tout, vous n'avez ni femme ni enfant; vous êtes maître de votre personne; ce serait un moyen de vous immortaliser. Je vous dirai plus; c'est que le bruit courait chez l'archichancelier que l'empereur avait connaissance de votre projet. — Comment !..... sa majesté !..... — Oui, mon cher ; et l'on ajoutait qu'à cette occasion il voulait faire votre frère Pierre sénateur, pour consacrer dans votre famille le souvenir d'un dévoûment aussi incroyable. D'abord le premier mouvement de l'empereur avait été de vous faire arrêter pour prévenir un pareil sacrifice ; mais, sur l'observation du duc d'Otrante, il a consenti à vous laisser libre, pensant que rien ne pourrait vous retenir dans l'exécution de votre projet. — Mais ce sont des inventions abominables ! — Tant mieux, car, après tout, vous auriez le plus grand tort. Cependant, prenez garde à vous ; le duc d'Otrante pourrait bien.... Au surplus, je vous dis cela sous le sceau du secret.

Ce ne fut pas tout ; le pauvre A.... de R.... était d'une telle faiblesse d'esprit, qu'il crut à la possibilité d'une arrestation ; ce fut donc préoccupé de la crainte d'être arrêté qu'il retourna chez lui, mais il ne put arriver jusqu'à son hôtel. Un professeur d'allemand, qui le voyait presque tous les jours, avait été mis en embuscade pour donner une suite aux scènes précédentes. Dès qu'il aperçoit A...., il court à lui, et d'un air tout effaré : — Mon Dieu! M. le comte, à qui donc en veut-on dans votre hôtel? la gendarmerie en occupe toutes les issues; je venais pour avoir l'honneur de vous voir; mais, ma foi, à l'aspect de ces messieurs, je me suis en allé bien vite, et me voici.

— C'est étrange! c'est inconcevable!... Que faire?

— Ma foi, je commencerais par me conformer à l'avis de Fontenelle[1]; et puis, cela ne peut être qu'un malentendu. Écrivez à l'empereur; envoyez une note aux journaux; déclarez que ce n'est qu'une mystification.

— Certainement, c'est une mystification atroce, infernale; l'empereur m'entendra; toute la France le saura.

[1] « Si l'on m'accusait d'avoir volé les tours de Notre-Dame, je commencerais par me cacher; car qui sait ce que des juges décideraient. »

Pour lui faire reprendre ses sens, son interlocuteur le presse d'entrer dans un café; prévenus à temps, nous allons l'y rejoindre, sans que notre apparition lui fasse soupçonner le moins du monde l'existence d'un complot. Nous lui laissons raconter ses dernières tribulations causées par l'investissement de son hôtel; nous joignons nos instances à celles du professeur d'allemand, et enfin nous avons la satisfaction de lui voir écrire une circulaire pour les journaux et une requête à l'empereur. D'après nos conseils, il va demander asile pour une nuit à un de nos amis communs qui habitait Passy. Là, il passe une fort mauvaise nuit, mais sans faire aucune confidence sur le motif qui l'avait engagé à s'absenter de Paris.

A vrai dire, la chose avait été un peu plus loin que nous ne l'avions voulu d'abord; aussi nous hâtâmes-nous de le détromper le lendemain. Ce qu'il y eut de plus plaisant fut la raison qu'il allégua pour justifier sa crédulité: « C'est que, voyez-vous, nous dit-il, mon frère serait bien capable de me vendre pour être nommé sénateur. »

Cependant, une fois bien convaincu que tout cela n'était qu'une plaisanterie, il se fâcha fort sérieusement, voulut en avoir raison; et, je ne sais trop pourquoi, ce fut à moi qu'il donna la préférence. Il m'envoya en effet un cartel en bonne forme; je l'acceptai. Il me fit demander comment je voulais me battre :

— A la mode suédoise, les yeux bandés.

Il accepte sans hésiter, ou plutôt on accepte pour lui. Nous voilà sur le terrain et nos pistolets sont armés; les deux coups partent ensemble, et son second, d'un violent coup de poing, fait tomber son chapeau comme si c'eût été l'effet d'une balle; il faillit en mourir de peur; quant à moi, j'étais déjà couché raide mort et touché au cœur. Alors, l'épouvante le gagne, il rentre chez lui, commande des chevaux de poste, se rend à Strasbourg et ne retrouva un peu de tranquillité que de l'autre côté du Rhin. Étonnés du succès trop complet de la plaisanterie, désolés du voyage qui en avait été la suite, nous nous engageâmes à la tenir secrète. On lui écrivit une série de lettres échelonnées, dans lesquelles on lui manda successivement que je n'étais pas mort, qu'on espérait me sauver, que j'allais mieux, enfin que j'étais guéri. Ce fut alors seulement qu'il revint à Paris après une absence de six mois, et sa première visite fut pour moi. Il se souvint encore long-temps du danger qu'il avait couru et du sifflement de la balle dont son chapeau avait été atteint.

Le *Journal de l'Empire* du 22 février 1808, a donné, sous la rubrique de Limoges, du 12 courant, l'article suivant :

« Sa majesté l'empereur et roi a daigné tenir « sur les fonts baptismaux un enfant du général « Souham (une fille), commandant à Véronne, et « a eu la bonté de se faire remplacer par M. Tes- « sier Olivier, préfet du département de la Haute « Vienne. Cette auguste cérémonie a eu lieu à « Limoges, le 10 de ce mois ; elle a été annon- « cée la veille par une décharge d'artillerie et par « le son de toutes les cloches de la ville. M. le « préfet, voulant donner à cette solennité toute « la pompe dont elle était susceptible, a invité « toutes les autorités civiles, judiciaires et mili-

« taires; le lycée impérial, qui a été remarqué « par son excellente tenue, a obtenu la faveur d'y « assister. Le cortége s'est rendu à midi à l'église « métropolitaine; monseigneur l'évêque, après « avoir reçu le préfet à la porte de l'église avec « tous les honneurs dus au représentant de la « personne de l'empereur, a fait la cérémonie « du baptême. »

La filleule de l'empereur en grandissant, et à mesure que sa beauté s'est développée, a présenté le phénomène étrange d'une ressemblance complète avec Napoléon. Il faut que la figure de ce monarque ait été empreinte bien profondément dans le cœur du comte et de la comtesse Souham.

Ce fut au mois de mars 1808 que parut le décret impérial qui reconstituait définitivement la monarchie sur ses anciennes bases, en l'appuyant sur l'indispensable institution d'une noblesse héréditaire. Certes, on n'aurait pas cru que le résultat de la révolution serait la résurrection successive de tout ce qu'elle avait renversé. Déjà nous avions un empereur au lieu d'un roi; l'ordre de la Légion-d'Honneur au lieu du Saint-Esprit et de l'ordre de Saint-Louis; maintenant nous allions voir éclore des gentilshommes que l'on improviserait par décret.

Ce fut un coup terrible pour les habitans du faubourg Saint-Germain. Ils établirent tout d'abord une distinction entre la noblesse d'épée et la noblesse civile, créées par l'empereur; la première les effaroucha moins que la seconde. Cependant, ce qui les effraya pour l'avenir, ce fut l'incontestable valeur personnelle des nouveaux nobles d'armes et aussi leur nombre; on comprit que, dans aucune circonstance, on ne les éloignerait du trône de France, quand même le trône redeviendrait royal. On se rappela que les maréchaux de France de la Ligue ne perdirent point leurs bâtons lorsque Henri IV fut reconnu roi légitime des Français.

On attendait avec anxiété ce qu'allait produire la volonté impériale. Enfin, le 11 mars 1808, l'archichancelier, président-né du Sénat, l'ayant convoqué en assemblée générale, y prononça un discours dans lequel on remarqua les phrases suivantes :

« Le maintien et l'existence des distinctions héréditaires entrent en quelque façon dans l'essence de la monarchie..... Le nouvel ordre de choses n'élève point de barrière entre les citoyens ; les nuances régulières qu'il établit ne portent point atteinte aux droits qui rendent tous les Français égaux devant la loi..... La carrière reste toujours ouverte aux vertus, aux talens utiles..... »

Le décret impérial, daté du 8 mars, disait : « Les titulaires des grandes dignités de l'empire prendront le titre de *Prince* et d'*Altesse sérénissime*.

« Les *ducs* devront avoir deux cent mille francs de rente en majorat. » (Cette clause ne fut jamais exécutée).

Les lettres de *comte*, de *baron*, de *chevalier*, furent reconnues ; on les flétrit, dès le principe, en les faisant reposer sur de l'argent. Ainsi la fortune seule, et non le mérite, transmettait l'hérédité de la qualification. Déjà pointait cet envahissement de la finance, né du cahos de la république. Le décret classait les fonctions qui auraient droit à tel ou à tel titre, il annonçait des armoiries; elles vinrent plus tard en remplaçant par des toques, ce qui était rationnel, des couronnes qui n'avaient plus aucune signification, personne ne possédant en effet le droit de souveraineté dont elles étaient les insignes.

Une commission du sceau impérial fut instituée; elle devait connaître de tout ce qui concernait la nouvelle noblesse. Cambacérès la présida; les sénateurs Germain-Garnier, Saint-Martin, Colchen, les conseillers d'État d'Hauterive et Portalis la composèrent. M. Pasquier, maître des requêtes, en fut procureur-général provisoire; cette charge importante fut définitivement donnée au comte Fabre de l'Aude, l'un des hommes forts de la révolution.

Toute la France fut en émoi à la lecture de ce décret. Le jacobinisme s'en indigna, les royalistes s'en dépitèrent, les gens sages approuvèrent Napoléon. Je peux, à ce sujet, rapporter un fait qui me fut tout personnel. En 1805, après la première campagne de Vienne, au moment où la paix était sur le point d'être conclue, j'allais souvent au café de Foy. J'y fis la connaissance d'un homme entre deux âges, porteur d'une belle physionomie et se disant allemand.

Cet étranger avait visiblement cherché à se rapprocher de moi, feignant d'ignorer les rapports qui m'attachaient aux Bonaparte. Il me plaisait; voyageur observateur, il avait parcouru les quatre parties du monde et les cours de l'Europe. Il parlait plus volontiers des rois, des reines, de la splendeur de leur maison, et de la mesquinerie des républiques, que de toute autre chose. Sur ce chapitre, il ne tarissait pas.

Un soir que nous avions pris des glaces à la même table, il me dit, à la suite d'autres propos:

— Monsieur, on trouve généralement la cour impériale bien mesquine. Qu'est-ce qu'un souverain composant à lui seul sa noblesse, sa maison impériale? Quoi! pas un noble, pas un titre auprès du sien; c'est une disparate trop grande avec les autres cours de l'Europe. Je voudrais avoir sur ce sujet une demi-heure d'audience de l'empereur, ou rencontrer quelqu'un qui l'approchât d'assez près pour lui faire connaître le secret des cours européennes.

— Quel est ce secret? demandai-je résolument, persuadé que c'était à moi qu'il adressait ce propos, et que, par conséquent, je ne me rendais coupable d'aucune indiscrétion.

— Mon Dieu, Monsieur, me répondit-il, ce secret, après tout, n'en est pas un; je puis vous dire ce qu'il en est. Tant que Napoléon n'aura pas rétabli des titres, un blason, un ordre équestre, son gouvernement restera isolé en Europe; la grandeur de l'empereur lui sera toute personnelle, sans racines dans le sol; en un mot, l'empereur des Français sera toujours considéré comme le chef de la république française subsistant autour de lui. Il faut qu'il y réfléchisse et qu'il se décide. Ses peuples eux-mêmes soupirent après le moment où il aura rompu sans retour avec tout ce qui rappelle la république. Remarquez d'ailleurs que l'empire, en s'agrandissant, s'est annexé des pays où les mœurs et les formes aristocratiques sont toujours regrettées.

Mon étranger, après avoir parlé de la sorte, sortit sans attendre ma réponse, et j'ai dû croire qu'en s'adressant à moi, il savait bien à qui il parlait, car je ne le revis plus au café de Foy où je continuai à aller comme de coutume. Je me figurai, et je pense encore, que c'était un agent secret de quelque prince, chargé de faire parvenir indirectement à l'empereur l'opinion des souverains étrangers, au moment où l'on parlait d'une foule de projets d'alliance matrimoniale avec la famille de Napoléon.

Quelque temps après, quinze jours au plus, me trouvant à la Malmaison, où les règles de l'étiquette étaient moins scrupuleusement observées qu'à Paris, l'empereur me demanda si je savais quelque chose de nouveau.

— Peu de choses, Sire, répondis-je : seulement, si Votre Majesté me permet de le lui dire, je crois que les têtes couronnées de l'Europe m'ont nommé leur ambassadeur auprès d'elle.

— Comment l'entendez-vous? que voulez-vous dire?

Je lui racontai alors mon aventure du café de Foy, sans en omettre aucune circonstance.

Il m'écouta sans m'interrompre, et, quand j'eus fini de parler, sans entrer par un seul mot dans le fond de la question : — Quel est cet homme? me demanda-t-il... Il fallait le suivre, vous informer... Quel est son signalement?

J'avouerai qu'en cette circonstance je n'obéis point ponctuellement aux ordres de l'empereur, tant j'avais peur de me trouver compromis dans quoi que ce fût qui pût ressembler à de la police; je lui donnai donc, à mes risques et périls, un signalement inexact.

La chose en resta là; et j'aurais probablement oublié cette circonstance si, près de trois ans après, quand l'empereur eut la bonté de me dire lui-même qu'il m'avait donné le titre de comte, lequel, au surplus, n'était qu'une restitution, il ajouta :

— A propos, et votre homme du café de

Foy, il doit être content maintenant, et *mes frères* aussi !

J'ai déjà dit l'espèce de consternation que la création de la noblesse impériale répandit dans le faubourg Saint-Germain en masse ; les plus magnifiques dédains y surgirent contre les nouveaux annoblis ; là duchesse de Chevreuse fit dire à sa blanchisseuse qu'elle attendrait qu'elle fût comtesse pour continuer à lui donner son linge à blanchir, et le comte de Brassac écrivit à son cordonnier une lettre commençant par ces mots : « Mon cher baron, ne manque pas de m'apporter demain mes bottes. » Le cordonnier ayant dit le lendemain qu'il n'était point baron : « Cela m'étonne ! lui répondit fort sérieusement M. de Brassac; console-toi, Mainerat (1), cela sera sûrement pour la première fournée. » Il y eut des jeunes gens, parmi les habitués de l'hôtel de Luynes, qui envoyèrent de beaux

[1] Mainerat était le bottier par excellence des élégans de Paris, ne travaillant que pour un petit nombre de pratiques choisies dans la petite chambre qu'il occupait à un entresol de la rue de Lille.

bouquets aux dames de la halle avec des lettres de félicitations, à l'occasion des titres de noblesse décernés à leurs cousines. Ces pasquinades amusèrent prodigieusement leurs auteurs, et je dois avouer que s'il y eut une coupable exagération de leur part, plus d'un nouvel ennobli, héritier très-direct et très-légitime de M. Jourdain, prêta le flanc au ridicule.

La vérité est que, de tous les pays du monde, la France est la plus rebelle à la simplicité des formes républicaines; le culte des hochets y est toujours, quoi que l'on fasse, en grande vénération; notre mesquine vanité se console d'avoir des supérieurs par la joie de compter des inférieurs. Les titres élevés ont même une espèce de saveur pour certains palais bourgeois. Combien j'en ai vu se rengorger en disant : Mon prince, Votre Altesse, ou Monseigneur. On dirait vraiment qu'il leur en reste quelque chose!

La création de la noblesse impériale suscita donc au moins autant de satisfactions vaniteuses que de mécontentemens jaloux. Les blasons renaissans furent salués avec le plus de reconnaissance précisément par ceux qui avaient le plus contribué à les détruire. Les familles surtout furent enchantées; car jusque-là il avait existé une espèce de noblesse personnelle, mais l'hérédité seule pouvait lui donner des racines capables de consolider le sol sur lequel s'élevait le trône impérial. L'ambition secouait forcément ce qu'elle avait eu d'égoïste; un père illustré laissait à son fils, non seulement le souvenir, mais en même temps la preuve de son illustration.

Les sénateurs, les conseillers d'État, les généraux de division et les chambellans de l'empereur, furent créés comtes pour la plupart; le titre de baron fut octroyé de même aux préfets, aux maîtres des requêtes, aux titulaires de la haute magistrature et aux généraux de brigade. En dehors de cette règle, qui ne fut pas sans exception, il fut facile de remarquer que l'empereur compta pour quelque chose les anciens titres dans la distribution des titres nouveaux; tous les anciens ducs, par exemple, furent faits comtes, alors même qu'ils se trouvaient dans la catégorie de ceux que l'on nommait seulement barons; ce fut ainsi que, dans la maison de la princesse Borghèse, le ci-devant duc de Clermont-Tonnerre reçut le titre de comte, tandis que les autres écuyers et chambellans furent seulement barons. Où la joie fut la plus grande, ce fut dans le camp nombreux des membres de la Légion d'Honneur, autorisés à se faire appeler chevaliers. Nobles chevaliers en effet, qui presque tous avaient vingt fois gagné leurs éperons et fait leurs passes-d'armes au travers des rangs ennemis!

Les anoblissemens répandus par l'empereur en assez grand nombre pour former un corps respectable de la noblesse nouvelle, mais non avec une profusion capable de la discréditer à sa naissance, exercèrent d'ailleurs plus d'une influence salutaire. D'abord, ceux qui en furent revêtus se crurent obligés à une tenue, à une gravité qu'ils n'avaient point auparavant; on voulut rendre son titre respectable en ne le compromettant point; la crainte de déroger amena une certaine sévérité inconnue dans les mœurs, qui rendit plus facile l'action du gouvernement; et ces titres, offerts en perspective à ceux qui n'en furent point décorés dans l'origine, présentèrent un véhicule nouveau au désir si général de mériter des récompenses. D'une autre part, le commerce de Paris gagna prodigieusement à l'institution de la noblesse; des industries mortes depuis la révolution reprirent une activité nouvelle. Je ne sais si, sous la république, il y avait un seul marchand de galons; que de milliers d'aunes il en fallut fabriquer pour couvrir les coutures et les paremens des livrées ressuscitées! Dans tout l'empire il n'y eut peut-être que le général d'Aboville, sénateur, qui n'augmenta pas d'un sou sa dépense, quand il reçut son titre de comte; partout ailleurs le luxe fit des progrès rapides; les objets de consommation de toute nature prirent un essor inaccoutumé, et les avantages matériels de la noblesse reconstituée retombèrent ainsi sur les producteurs.

Voilà le côté sérieux des choses; en voici maintenant le côté comique; car tout, dans ce monde, peut être considéré sous deux aspects.

D'abord je pose en fait que quiconque n'a pas vu un duc, un comte ou un baron de l'empire, dans les quarante-huit heures qui suivirent sa nomination, eût-il assisté vingt fois à la représentation du *Glorieux* de Destouches, ne sait pas de combien d'élasticité est susceptible la vanité humaine. Il se livrait en eux un combat d'orgueil satisfait et de modestie affectée, capable de dérider le front le plus sévère; et pourtant ce n'était rien encore en comparaison de la duchesse, de la comtesse et de la baronne. Les uns prenaient de l'acteur Fleury des leçons pour porter l'habit habillé; mais les femmes! elles étaient plus gonflées que la grenouille de la fable. J'en ai connu qui auraient volontiers renié Ève pour leur aïeule, parce qu'elle n'était point de condition. La maréchale Masséna avait fait acheter une douzaine de vieilles robes en gros de Tours, comme on les portait du temps de madame de Pompadour; elle les étalait dans un couloir qu'il fallait traverser pour arriver à sa chambre à coucher, sous le prétexte de leur faire prendre l'air, et, quand on lui demandait ce que c'était : —Mon Dieu, répondait-elle, je tiens à ces vieilleries-là ; ce sont des robes de ma grand'mère !

Je sais une baronne qui avait fait peindre les armes de son mari.... Devinez où, car je n'ose vous le dire ; mais ce fait fut connu de quelques dames qui eurent l'indiscrétion de regarder dans sa table de nuit, et qui, comme on peut le croire, ne lui ont pas gardé le secret. Enfin, oserai-je le dire ? mon valet de chambre, fort beau garçon, était en pleine possession des bonnes graces d'une comtesse. La folle lui donna son portrait ; derrière, sur une moire bleue était l'écusson de ses armes. Dans l'intérieur des maisons, on monseigneurisait à qui mieux mieux ; autour de la table à manger, on faisait placer des chaises pour le menu des convives avec deux fauteuils en regard pour M. le comte et madame la comtesse ; survenait-il un autre comte ou une comtesse, soudain un domestique substituait un fauteuil à leur chaise. N'était-ce pas à mourir de rire ?

Il y avait encore dans ces mœurs de transition quelque chose de non moins comique ; c'était l'incroyable figure des nouveaux titrés, quand nous nous appelions entre nous par nos anciens titres. Les qualifications de marquis ou de vicomte les faisaient frissonner parce qu'ils n'existaient point dans le nobiliaire impérial.

Du reste, le blason des nouveaux nobles fut singulièrement composé : sur les uns, il y eut des rébus; sur d'autres, des allusions à l'origine de leur fortune. Je regarde avec vénération tout armoirial où je trouve des palmiers, des sphinx, des obélisques, ce sont les insignes des campemens de Bonaparte; ils lui ont entendu dire, en montrant les Pyramides, ces paroles homériques : *Du haut de ces monumens quarante siècles vous contemplent.*

Le peintre David aussi bien inspiré, prit *une palette de sable sur un champ d'or et charge d'une main qui tient trois épées*, le tout est naturel (la main du vieil Horace). Certes, lui seul pouvait prendre ce blason glorieux.

Mais en revanche, un pied plat voulut s'emparer de *la croix des alerïnes*, des Montmorency; un autre accaparait les *macles* et *la guière* des

Rohan; un troisième, *le croquis* des sires de Créquy et la pure devise : *Nul ne s'y frotte*. Napoléon fit bonne justice de ces prétentions, et les anoblis, parce qu'ils étaient riches, durent se contenter des astres, des végétaux et de la héraldique bourgeoise telle qu'elle existait avant 1789. Alors on se méfiait, sauf exception, de tout important soleil, lunes, étoiles, arbres, croissans, choux, cyprès, peupliers, pins; moins cependant ce dernier arbre, quand, accompagné du cri de guerre *en haut les Pins*, il ornait le bouclier de l'antique famille languedocienne de ce nom, qui a fourni deux grands-maîtres de Malte, Odon de Pins, en 1297, et Roger de Pins en 1355.

A propos de cela, je ferai remarquer que, sur soixante-neuf grands-maîtres de Malte, on en compte quarante-trois français. Je clos la liste au misérable Humpech. Seize grands-maîtres français se suivirent sans interruption depuis Guérin, en 1231, jusqu'à Jean de Gastion, en 1437. Peut-être cependant me contestera-t-on l'origine d'un des Pins.

C'était une fureur que l'achat des livres de

blason tant discrédités et tout à coup remis en lumière. Il était plaisant d'entendre de jolies bouches, un peu marchandes, prononcer les mots : *pals*, *ordes*, *bande*, *burre*, *chevron*, *gironné*, *trèfle*, *ancre*, *mouvant*, *saillant*, *contourné*, *abaissé*, *alaité sur le tout en face*, *en chef*, *en pointes*, *gueules*, *azur*, *sable*, *pourpre*, *sinople*, *croix ancée*, *vidée*, *elichée*, *cordée*, *tronquée*, *dextre*, *sénextre* : mots barbares qui charmaient les pères dans leurs comptoirs, les mères dans leur buanderie, et dont s'émerveillaient les jeunes commis, compagnons d'enfance de la nouvelle et érudite duchesse : c'étaient pour eux du grimoire; ils s'imaginaient que l'on parlait ainsi à la cour et ils en trouvaient la langue *bien embêtante*.

Un honnête marchand de savon remercia sa fille de ce qu'elle avait *pontaiclaré* sur son carrosse le bras d'or de sa boutique, présumant toutefois que si on l'avait imité en fer c'était par pure économie; c'était l'emblème militaire de son gendre : une main gantée et tenant une épée.

CHAPITRE IX.

Le 20 mars 1808, la reiné de Hollande donna une fête brillante dans son hôtel de la rue Cérutti. Les appartemens décorés avec magnificence, une société moins nombreuse que de haut rang, des fleurs en abondance, un orchestre parfait, un souper splendide, tout était réuni pour montrer le goût exquis de la princesse. Je causais avec le chevalier Darmensenne qui ne savait pas encore s'il était catholique ou luthérien ; avec le comte de Rochefort d'Ally, dont la femme était ou allait être dame du palais de madame-mère, et le prince de Masserano, lorsque nous fûmes abordés par un jeune auditeur au conseil d'État, dont le nom m'échappe.

— Messieurs, nous dit-il, je me trouvais rue Saint-Honoré, quand l'empereur y passa en allant chasser dans la forêt de Saint-Germain : un page accourant à bride abattue a remis à sa majesté une dépêche; sa majesté en a pris lecture à la lueur des torches; au lieu de poursuivre son chemin, elle a donné ordre de retourner aux Tuileries.

Nous nous entre-regardâmes. Aucune action du grand homme ne pouvait être indifférente pour nous. S'agissait-il d'une conspiration, ou bien étions-nous menacés d'une guerre nouvelle? Nous nous livrâmes à toutes sortes de conjectures ; le prince de Masserano, le plus aimable des bossus, alors ambassadeur d'Espagne en France, n'en savait pas plus que nous, et certes il était loin de se douter que ce retour soudain au palais touchait de si près à son souverain.

Nous devisions ensemble, lorsqu'un autre page, non en costume de bal, mais en habit de service, entra chez la reine, ayant l'air de chercher quelqu'un. Ses yeux s'étant arrêtés sur notre groupe, il vint droit au prince de Masserano et lui dit :

— Monseigneur, Sa Majesté vous demande.

Il n'eut pas besoin d'ajouter *sur-le-champ*; on savait assez qu'un ordre de l'empereur ne devait jamais souffrir le moindre retard. Le prince prit donc immédiatement congé de la reine, contrairement à l'usage, tant il était troublé. Il s'en alla après nous avoir renouvelé l'invitation que tout à l'heure il venait de nous faire, de déjeuner chez lui le lendemain. Le message impérial piquait trop notre curiosité pour que nous pussions manquer de nous y rendre.

A dater de ce moment le bal languit; l'absence de l'empereur le rendit triste; la reine paraissait inquiète. A minuit les salons étaient déserts; mille bruits circulaient déjà. Je me rendis chez la tante de sa majesté l'impératrice, la comtesse Fanny de Beauharnais, veuve d'un chef d'escadre, et grand'mère de la duchesse de Bade.

J'avais emmené avec moi dans ma voiture le jeune auditeur dont je parlais tout à l'heure. En route il me dit :

— Je gage savoir ce qui se passe.

— Qu'est-ce ?

— Une révolution en Espagne.

— Comment l'entendez-vous ?

— Je ne sais ; mais c'est cela.

C'était aussi ma pensée, à moi qui connaissais déjà le mystérieux et sacrilége traité de Fontainebleau ; mais d'où le jeune auditeur avait-il pu parvenir à soulever ce voile ; il fut discret, ne me dit rien de plus. Nous nous promîmes de nous revoir le lendemain chez le prince de Masserano.

La bonne comtesse Fanny avait chez elle le brillant chevalier de Cubières qui se querellait, selon sa coutume, avec le comte de Courchamp, autre commensal de la maison; là se trouvaient aussi le comte de Metternich, ambassadeur d'Autriche; le baron Dalberg, ministre de Bade, et le comte de Cetto, envoyé extraordinaire de Bavière; plus le comte d'Escherny qui n'en sortait, le docteur Menuret, l'excellent polonais Maleuchesky, le fameux philosophe et littérateur Mercier, enfin une demoiselle de Bavière, grande, grosse personne, belle, spirituelle, allant seule, et respectable à cause de ses vertus; enfin, et presque en dehors du cercle, un ex-acteur, faiseur des mélodrames, beau à la manière des forts de la halle, mais modeste, poli, bien vu partout, parce qu'il n'avait ni prétention ni forfanterie.

On causait d'une comédie nouvelle qui faisait alors grand bruit, et dont on se souvient à peine: l'*Assemblée de famille*, tant prônée par le tout-puissant critique Geoffroy, que l'on accusait de n'avoir point dédaigné les marques très-positivés de la reconnaissance de l'auteur, M. Riboutté. Son premier feuilleton commençait ainsi: *Une bonne comédie est un phénix rare;* et M. de Courchamp racontait que l'auteur avait envoyé au critique, le jour de la première représentation, une soupière d'argent massif, remplie d'écus de six livres et surmontée d'un phénix, d'où Geoffroi avait pris le début de son compte-rendu.

Nous donnâmes un autre tour à la conversation. Lorsque le comte de Metternich n'eut plus rien à apprendre, il partit en homme curieux d'en savoir beaucoup plus; M. de Cetto le suivit de près; le baron Dalberg resta, et les conjectures recommencèrent. S'agissait-il de l'Espagne, de l'Italie, où le prince de Masserano avait d'immenses propriétés? un personnage important était-il mort? On n'alla pas plus loin.

Nous étions au 20 mars; la révolution d'Aranjuès avait éclaté le 17; il n'était donc pas possible que le grand-duc de Berg, Murat, alors à Madrid, eut pu en donner connaissance à Napoléon. Cependant il est certain que ce furent ces événemens qui amenèrent les marches et contre-marches dont nous avions été témoins la veille au soir.

Il était quatre heures du matin quand je rentrai chez moi, fort inquiet de ce qui allait se passer. Je dormis peu, et je déjeunai de bonne heure dans la persuasion que je ne trouverais pas chez lui le prince, notre amphitryon.

Il y était cependant. Les convives se réunirent; mais, à la figure du prince, on put juger combien il était préoccupé: il ne dit pas un mot de l'Espagne, ni rien qui eût trait à son audience de la veille. Nous comprîmes qu'il fallait le laisser à ses travaux diplomatiques, et chacun prit congé promptement, sans qu'il fît pour nous retenir les instances d'usage.

A dater de ce moment, mille bruits contradictoires circulèrent; des fous dirent que Charles IV nous déclarait la guerre; les gens de la police répandirent qu'à la suite d'une tentative de soulèvement contre l'armée française, le peuple espagnol, irrité et en haine de Godoï, avait précipité du trône les Bourbons, et proclamé Napoléon, empereur des Français, en qualité de roi d'Espagne et des Indes; d'autres rapportaient l'affaire dans la version réelle; ceux-ci, par un effet bizarre et très-commun, trouvaient le plus d'incrédules.

Enfin, dans le *Journal de l'Empire* du 29 mars, on lut : « Suivant des lettres de Bayonne, on a reçu dans cette ville des nouvelles de Madrid, portant qu'une insurrection a éclaté à Aranjuès ; que Charles IV, roi d'Espagne, abdique la couronne, et que le prince de la Paix a pris la fuite et a été arrêté. Ces événemens ont excité un grand enthousiasme en Espagne. »

Cette note sèche, sans date, sans commentaire, intrigua les esprits, les mit aux champs; on alla, on vint, on multiplia les questions. Le prince de Masserano devint invisible; je me présentai chez lui, il était sorti. Le même soir je rentrai chez moi de meilleure heure que la veille, ayant grand besoin de repos. A l'instant où ma voiture entrait dans la cour de l'hôtel, je m'aperçus qu'elle était suivie par un cabriolet.

Curieux de savoir qui venait me faire une visite, j'attendis sous le vestibule, et ma surprise fut grande quand je vis le prince de Masserano. J'allai à lui avec empressement, car il existait entre nous une liaison presque intime; nous nous voyions journellement chez la duchesse de Chevreuse, chez la princesse de Vaudémont, et chez une autre dame que je ne nommerai pas en toutes lettres et pour cause, madame de Vaubad.... car sans doute on se rappelle le malheureux comte d'Aché. Je trouvai à l'ambassadeur un visage mélancolique; il me serra la main, dit à haute voix devant mes gens qu'il avait besoin de me demander des renseignemens sur un secrétaire qui se recommandait de moi; et lorsque nous fûmes seuls :

— Serait-ce réellement cela qui me procure l'honneur de vous voir? lui demandai-je.

— Mon ami, me dit-il, je suis accablé, anéanti; mon malheur passe toute croyance. Que vous semble des affaires d'Espagne? voilà un nouveau roi..... Il me regarda.

— Un, dis-je, rien qu'un?

— Monsieur D...., vous m'avez inspiré autant

d'affection que de confiance. Je veux vous en donner la preuve en vous confiant un secret.

— C'est dans ma position un lourd fardeau à porter et je crains.....

— C'est un appel à votre honneur.

— En ce cas, parlez..... et je courbai la tête.

— M. le comte, me dit-il, la maison de Bourbon a cessé de régner en Europe.

— Je le crains.

— L'empereur me l'a dit.

— A vous?

— Oui, hier, après le bal de la reine Hortense. Lorsque j'entrai dans son cabinet, il me dit : — « Hé bien, prince, vos souverains quittent donc l'Europe? ils suivent l'exemple des Portugais. Ils ont tort; qui quitte la partie la perd. Qu'en pensez-vous? Je m'inclinai.

— « Ce n'est pas une révérence que je vous demande, reprit vivement Napoléon, mais une réponse prompte et motivée.

— « Sire, je ne peux juger le roi mon maître; mon rôle est l'obéissance et la fidélité.

—« A qui ?..... à un fantôme. Le suivrez-vous ? Votre fortune est en Europe, vous devez y rester; d'ailleurs, il se peut que bientôt je réclame de vous.... (et il marcha à pas précipités). Prince, écoutez-moi bien. La révolution française a fait table-rase; je commence une époque; tout doit être neuf autour de moi; vos Bourbons tombent de vétusté : ils sont incompatibles avec mon système. Ceux de France ont disparu, ceux de Naples sont près de disparaître; quand j'aurai les moyens de m'en occuper sérieusement, je leur enlèverai la Sicile; il n'y en a plus en Toscane; ceux de Lisbonne, si tant est qu'ils soient Bourbons, ont été se cacher outre-mer; il faut que ceux d'Espagne les imitent. Le peuple a eu tort de les empêcher de passer au Mexique : leur départ m'eût convenu. La canaille a déjoué mes plans; je vais être obligé d'agir à force ouverte. Cela m'afflige, je ne reculerai pourtant pas devant la nécessité; il faut que le trône d'Espagne soit occupé par l'un de mes frères; mon beau-frère Murat ira en Portugal; alors, paix éternelle dans tout le Midi, et une seconde fois il n'y aura pas de Pyrénées.

« Effrayé de ce que j'entendais, indigné de voir disposer ainsi d'une couronne sacrée sur la tête de celui qui la portait, je ne savais que dire, quelle contenance tenir; mon silence a déplu à l'empereur.

— « Passerez-vous dans le rang des rebelles ? me dit-il avec une humeur marquée.

— « Sire, lui ai-je répondu, j'obéirai à Charles IV.

— « C'est très-bien; je suis content... Et si le roi d'Espagne vous déliait de votre serment?

— « Sire, alors.....

— « Les autres feront comme vous; et ce sera le parti le plus sage. »

L'empereur n'entra pas dans plus d'explications. Il ne m'a rien dit des arrangemens qu'il comptait prendre à l'égard du roi et des infans; il brisa. Passant à un aûtre thême, il m'adressa une foule de questions su les grands, les titulados de Castille, sur le clergé, les institutions espagnoles, auxquelles je répondis de mon mieux; et il parla avec une incroyable rapidité sur un nombre infini de projets pour la régénération de l'Espagne.

— « Sire, osai-je lui dire, je crains qu'un changement trop brusque dans les formes du gouvernement, les usages, les mœurs, que la suppression des monastères, que même la destruction de l'Inquisition ne déplaisent aux vieux Espagnols.

— « Oh! oh! dit-il, ce serait bizarre! Ils tiennent à ces folies? c'est impossible!

— « Cela est.

— « Vous voyez mal, j'ai des renseignemens contraires; on m'attend comme un libérateur.

— « Comme ami, Sire.

— « Je ne suis l'ami de personne, je suis le maître de tous.....; ils me verront en qualité de souverain légitime, très-légitime, avec les pleins pouvoirs que m'auront transmis vos Bourbons. A compter de ce moment, songez que c'est moi que vous représentez ici. Bonsoir, prince, et surtout du silence. Ainsi congédié, je trouvai au bas de l'escalier du pavillon de Flore le ministre de la police générale, qui, d'un air naïf, me dit :

— « Quoi de neuf?

— « Peu de chose, monsieur le duc.

— « C'est que vous êtes au service du roi d'Espagne.... » A la manière dont il me regarda, j'ai acquis la certitude qu'il ne savait encore rien de la grande affaire.

Quelle nuit j'ai passée ! Vous vîntes ce matin; je ne sais vraiment pas comment je vous ai reçu. Vous devez me le pardonner maintenant ?

— Oui, prince, d'autant mieux que j'en savais déjà plus que le duc d'Otrante.

A peine ce dernier mot me fut échappé, que j'aurais voulu pouvoir le reprendre; je compris que j'avais fait une école, et je cherchai à la réparer. Je lui dis, avec une sorte de négligence affectée, que, depuis long-temps, mes prévisions me faisaient penser que les Bourbons seraient tous exclus du continent.

— En ce cas, vous êtes doué d'une plus

longue vue que moi !.... Ah! Monsieur, Charles IV! son meilleur ami, qui lui aurait prêté son dernier maravédi, et fourni son dernier homme.... Je voudrais m'en retourner à Madrid, par Londres.

— Vous, Prince! vous seriez perdu.

— Eh! la trahison?

— Il n'y a point de trahison de votre part, prince; surpris seul à Paris, vous attendez les événemens; ils viennent, grandissent, vous accablent; vous vous soumettez : est-ce là de la trahison?

— Il détrônera ces pauvres princes; ils viendront à lui comme des moutons: ils le regardent comme un dieu ou comme un diable.... Ah! criminel Godoï, quel maître as-tu trahi?....

Le bon Masserano soupira, pleura, me demanda qui je pensais que Napoléon donnerait pour roi aux Espagnols. Il aurait voulu Lucien.

— Je doute qu'il vous soit destiné; s'il eût consenti, l'an passé, à quitter sa femme et à épouser la reine d'Étrurie, sans aucun doute, il serait maintenant roi d'Espagne; mais il a refusé cette alliance, et il est aujourd'hui plus que jamais brouillé avec son frère; dans cette occurrence, je présume que vous aurez Murat ou Joseph.

— Le roi Joseph vaudrait mieux; il est doux, sage, honnête homme; les Espagnols s'en accommoderont, si le tripotage que je prévois n'irrite pas trop violemment leur vieil orgueil.

Le temps s'écoulait si rapidement, que nous nous aperçûmes à peine qu'il était deux heures du matin, quand le prince de Masserano se détermina à me quitter. Le besoin qu'éprouvent tous les hommes de s'épancher auprès d'un ami, l'avait conduit chez moi. Souvent, nous avions été plusieurs mois sans nous rien dire qui eût trait aux affaires politiques. Il me dit que ce qui l'avait engagé à me faire cette confidence était une chose toute fortuite; cela tenait à ce que, tout récemment, madame de Cheminot lui avait parlé de moi.

Vous rappelez-vous cette bizarre personne, cette poupée chancelante, débris vicieux des vices de l'ancien régime; échantillon conservé de ces dames ou demoiselles du monde, qui, sans naissance, sans rang, sans famille, n'ayant ni considération, ni noblesse, ni consistance, parvenaient à se donner tout ce qui leur manquait, sans doute par suite d'un pacte fait avec le diable? Le fait est qu'elle tenait un certain état de maison, qu'elle connaissait toute la bonne compagnie de Paris sans que, à la vérité, aucune femme du monde vînt chez elle; mais elle recevait le corps diplomatique, certains ducs, les gros bonnets de la finance et les beaux-esprits.

Le nom de ces femmes, sans retentissement, n'était pas ridicule; elles avaient beaucoup d'amis, jamais de frères, d'oncles ou de neveux; parfois seulement il leur surgissait une jeune cousine médiocrement jolie; souffre-douleur de la maîtresse de la maison, ayant pour consigne d'avoir la bouche close sur sa parenté, mangeant à part, assez mal vêtue, sans éducation, sans apparence d'héritage, et cachant sous cette désignation honnête de petite cousine, la qualité très-réelle de fille de la maison, enfant de l'amour, d'un caprice pour un mauvais sujet, et, en conséquence, de père inconnu.

Rien ne manquait à cette parfaite et ridicule dame de Cheminot; elle passait l'hiver dans un hôtel de la rue Neuve-des-Mathurins, et l'été, à la campagne, ou à Plombières, ou à Spa, ou à Aix, en Savoie, à Bagnères ou à Bath; ou bien, si elle ne fréquentait pas ces lieux de rendez-vous dans la belle saison, elle disait à tout le monde qu'elle y était allée. J'en eus la preuve une certaine année où je l'entendis vanter les délices de Spa, tandis qu'il était à ma connaissance que, cette année-là, ses courses champêtres s'étaient bornées à fouler le gazon de son jardin de dix toises de large sur vingt de profondeur.

Nul de nous ne l'avait connue jeune; nul n'avait vu son mari qu'elle pleurait régulièrement chaque fois qu'elle en parlait, sans que ce souvenir la rendît moins facile à écouter ces hommes infâmes que la cassette d'une femme empêche de s'informer de son âge, sans s'émouvoir de ses vices ou de ses ridicules ; son tenant lieu de mari avait eu pour frère un officier-général au service du Danemark ; le portrait de ce cher parent, qui jamais n'avait donné signe de vie, ornait le salon d'apparat et la tabatière de prédilection de la respectable veuve.

Ses thés du mercredi avaient acquis une certaine renommée, à cause des scènes singulières qui s'y passaient. Tout le monde voulait y assister au moins une fois; il suffisait, pour cela, de s'y faire présenter, ce qui était la chose la plus facile du monde; une soirée chez elle était vraiment un spectacle réjouissant. Par exemple, si on lui faisait une visite, un jour où elle était sortie, il fallait s'attendre à voir sa carte en permanence autour de la glace du salon; c'était un texte pour parler de ses *amis*, le prince d'Alberg, le duc de Monteleone, le prince Adam Czartorinski; souvent aussi c'était une amie, une lady, une de ces Anglaises qui ont la manie d'aller partout.

De temps à autre, sa galerie s'enrichissait de ces femmes que nous avions coutume de désigner sous le nom de *demi-castors*, de célébrités suspectes, telles que madame Bellangé, plus connue sous le nom de mademoiselle d'Ervieux; mesdames Girard et Despréaux, autrement dit les demoiselles Duthé et Guimard. Leur visite mettait cruellement en souffrance la vanité de madame de Cheminot. Rien, d'ailleurs, n'était amusant, comme d'entendre toutes ces femmes deviser sur le compte les unes des autres; selon madame de Cheminot, elle leur accordait sa protection; elles, prétendaient, au contraire, qu'elles avaient autrefois facilité ses débuts à l'Opéra..... à l'Opéra! quel blasphême! et cependant, elle dansait prétentieusement le menuet d'Exaudet; se dessinait, prenait des poses...., tout cela semblait constater le certificat d'origine; mais elle niait si bien, que le soleil, à la croire, n'aurait pas brillé à midi.

Revenons aux thés. Là, autour d'une table de douze couverts, dix-huit ou vingt-quatre dames prenaient place; on s'arrangeait comme on pouvait; douze chaises, douze tasses, douze assiettes, ni plus ni moins, l'excédant ne devait ni avoir soif, ni prétendre à partager le bienheureux régal.

Au milieu de la table, une bouilloire de cuivre florentin fournissait de l'eau chaude ; l'eau froide était contenue dans une jatte de Saxe ; à gauche et à droite deux pyramides peu élevées de tranches de pain colorées d'un beurre très-économique. Un gâteau de Savoie complétait ce magnifique service.

Bien est-il vrai que le gâteau n'était là que pour la représentation ; on n'y touchait jamais ; un des plus anciens habitués de la maison prétendait qu'il l'avait toujours vu, et la baronne de Viennay en faisait remonter l'origine au comte d'Estaing qui en aurait fait cadeau à madame de Cheminot en 1788. La vérité est que le bienheureux gâteau était devenu une énorme pelote où chacun de nous s'est fait un devoir d'enfoncer au moins une épingle.

Quelquefois il arrivait qu'une femme enceinte, ou bien quelque langue pointue témoignait l'envie de goûter du gâteau ; la réponse à cette demande indiscrète était toujours l'envoi d'une seconde tartine de beurre. Ces enfantillages nous amusaient beaucoup.

C'était chez madame de Cheminot que le prince de Masserano allait lorgner les jolies femmes peu farouches, et c'était, comme on l'a vu, à une de ses visites dans cette maison, que je dus une confidence dont je me serais bien passé.

Maintenant il ne sera peut-être pas sans intérêt de rapprocher des détails qu'on a lus tout à l'heure, la manière dont la révolution d'Espagne fut officiellement annoncée, sous la forme d'une lettre de Madrid, en date du 17 mars 1808.

«Il se passe depuis quatre jours des événemens qui ébranlent le trône de nos maîtres. Depuis six mois les esprits étaient vivement agités! les uns accusaient le prince de la Paix d'être de concert avec la reine pour faire périr le prince des Asturies. D'autres assuraient que le prince des Asturies était à la tête d'un complot pour détrôner son père. On disait qu'il avait reçu ce projet de sa femme [1].

« Des conseils solennels, de longues procédures, suivies d'exils et d'actes publics, loin de calmer l'opinion l'agitèrent davantage. Les troupes françaises, quoique sur les bords de l'Èbre et éloignées de plus de quarante lieues de notre capitale, étaient dans une situation de *statu quò* que le nombre de courriers qui se succédaient à chaque instant et les grandes négociations qui semblaient exister n'éclairaient pas. Nos troupes avaient été rappelées du Portugal et s'avançaient à marches forcées sur la capitale; la cour paraissait divisée et sans plan.....

« Dans cet état de choses, le 15 mars, le bruit se répandit que le roi, qui était à Aranjuès, devait se retirer à Séville; qu'un grand conseil qui avait été tenu au palais l'avait décidé ainsi, mais que les opinions étaient comprimées; que la

[1] Marie-Antoinette-Thérèse, fille de Ferdinand IV, roi des Deux-Siciles et de Caroline d'Autriche, sœur de Marie-Antoinette. Cette princesse, première femme du prince des Asturies, était morte en juin 1806.

reine et le prince de la Paix voulaient partir, et que le prince des Asturies et son frère voulaient rester (le noble don Carlos, aujourd'hui luttant pour reconquérir la couronne. Dieu veuille la lui rendre! Il la lui rendra).

« On ne tarda pas à apprendre que les troupes qui étaient cantonnées à Madrid avaient ordre d'en partir. L'inquiétude était dans toutes les têtes, lorsqu'une proclamation du roi, qui fut publiée le 16, y porta un peu de calme.

« Le 17, on sut que les gardes espagnoles venaient de partir pour Aranjuès et que les deux régimens suisses restaient seuls ici. Ces régimens, depuis long-temps, ne sont pas populaires dans notre ville. Tout le monde, à cette nouvelle, se porta sur les avenues d'Aranjuès. « Espagnols, « disait-on aux soldats : abandonnerez-vous « votre patrie; protégerez-vous la fuite d'un « prince qui sacrifie ses sujets et va porter le « trouble dans nos colonies; auriez-vous aussi « peu d'esprit que les habitans de Lisbonne? »

« Plusieurs ministres, qui n'étaient point de

l'avis du départ, firent courir diverses circulaires dans les villages environnans pour annoncer ce qui se passait et l'imminence du péril où se trouvait la patrie. Le 18, les paysans se rendirent en foule à Aranjuès ; des relais étaient déjà placés sur la route de Séville : les troupes encombraient la ville ; les bagages de la cour s'emballaient dans tous les appartemens. La nuit du 17 au 18 fut une nuit de tumulte ; la maison du prince de la Paix était gardée par les gardes qui avaient un mot d'ordre particulier, celles du château en avaient un autre.

« A quatre heures du matin, le peuple se porte en foule au palais du prince de la Paix et est repoussé par ses gardes. Les gardes du corps prennent fait et cause pour le peuple et fondent sur les gardes du prince ; les portes sont enfoncées, les meubles pillés, les appartemens dévastés, la princesse de la Paix (Bourbon est son nom) accourt sur les escaliers ; elle est conduite au palais du roi avec tous les égards dus à sa naissance et à son rang ; le prince de la Paix disparaît. Don Diego Godoï, son frère, commandant des gardes du corps est arrêté par ses propres gardes.

« Le roi et la reine restent sur pied toute la nuit du 17 au 18 mars.

« L'ambassadeur de France (comte de Beauharnais), arriva de Madrid à cinq heures du matin et se rendit aussitôt près de leurs majestés.

« Le 18, une proclamation du roi, accordant au prince de la Paix la démission de ses charges et déclarant qu'il prendra lui-même le commandement des troupes, est publiée à Aranjuès.... »

Là se bornèrent les détails portés à la connaissance du public; on garda le silence sur l'abdication contrainte de Charles IV qui ainsi abandonnait la couronne à son fils, quoique ce fût le fait le plus important de cette révolution. Je n'en reproduirai point ici les circonstances connues; n'ayant point eu d'ailleurs l'honneur d'accompagner leurs majestés à Bayonne. Je n'ai pu savoir que ce qu'ont su comme moi ceux qui restèrent à Paris pendant ce voyage. Ce que je me rappelle, c'est l'avidité avec laquelle nous attendions les journaux, quoiqu'ils ne parlassent qu'avec beaucoup de réserve des phases de ce drame extraordinaire ; nous sûmes que le grand-duc de Berg, persuadé qu'il travaillait pour son compte, enleva Godoï à la haine des Espagnols ; qu'il détermina Charles IV et Ferdinand VII à soumettre le jugement de leur querelle à la décision de l'empereur ; comment celui-ci, au lieu de les accommoder, profitant du courroux de la reine, autre Jésabel, se fit céder, par le vieux roi, la couronne ; comment la crainte de la mort amena les infans à ratifier cette spoliation ; comment l'empereur, un instant roi de toutes les Espagnes, transmit cette couronne à son frère Joseph, et, pour dédommager Murat, l'appela à monter sur le trône de Naples.

Nous sûmes en outre que les infans, princes des Asturies, don Carlos, son frère, don Antonio, son oncle, viendraient habiter Valencey, terre située dans le Berry et propriété du prince de Bénévent ; et que Charles IV, la reine, l'infant don Francisco, la reine d'Étrurie, l'infant don Louis, son fils, et l'infante, sa fille, auraient pour demeure Fontainebleau provisoirement et ensuite Compiègne.

A Bordeaux, mesdames de la Tour du Pin, d'Auch, H. Vignes de Mirepoix et quelques autres, furent déléguées par l'empereur au service de dames du palais, auprès de la reine d'Espagne pendant son séjour dans cette ville. Il y avait là des noms anciens, et des noms nouveaux, mais tous honorables et très à leur place; on avait, par l'ordre de l'empereur, choisi des dames dont la réputation fût inattaquable. Sa lettre insistait sur ce point; on s'y conforma.

A Compiègne, le vicomte Louis de Montmorency, gouverneur du château, y faisait faire des embellissemens nombreux. Le comte de Remusat, premier chambellan, devait faire les honneurs conjointement avec madame de La Rochefoucauld. A la suite provisoire de leurs majestés seraient attachés deux chambellans, un conseiller d'État, deux secrétaires, un trésorier, plusieurs adjudans et des valets de chambre. La reine et la duchesse d'Alcudia avaient à leur suite six dames du palais et plusieurs femmes de chambre ; il y avait encore des médecins, des chirurgiens, des confesseurs, des aumôniers et plusieurs officiers de bouche et de corps.

Depuis long-temps, l'impératrice supportait avec son exquise bonté la soumission dédaigneuse, et, pour ainsi dire, arrogante de madame de Chevreuse ; elle tâchait de la sauver de la colère du lion qui grondait quelquefois, mais sans éclater. Cette fois il n'y eut pas moyen de la retenir, madame de Chevreuse ayant répondu à la nomination de dame du palais de la reine d'Espagne, qu'un service de geolière lui répugnait.

Dans le premier moment de son indignation, l'empereur voulait punir par une détention sévère et prolongée cette observation inconvenante. Cependant, Joséphine, cette autre providence des malheureux, parvint à amortir la violence du coup ; elle obtint que l'exil serait le seul châtiment de l'offense. Cet exil ne fut pas dur, car il s'agissait seulement d'habiter le château de Dampierre ; puis la disgraciée serait libre de courir toute la France, Paris excepté.

Cette punition eût été peu de chose pour une ame forte; madame de Chevreuse ne put l'endurer; elle tomba dès lors dans une mélancolie profonde qui a fini par l'enlever à sa famille désolée. Ce fut pour celle-ci, pour ses amis, pour le monde, pour les malheureux surtout une perte irréparable, et la terre, dont elle était le plus bel ornement, espéra qu'elle serait ailleurs aussi haut placée.

Le coup de foudre qui l'atteignit répandit dans le faubourg Saint-Germain une sorte d'épouvante dont on n'avait point encore eu d'idée. Chacun dans ce quartier craignit d'avoir sa part de l'orage, et on se maintint dans une retenue, dans un silence que la prudence commandait; on cessa de parler politique; à moins que ce ne fût dans une intimité complète. On choisit pour texte des faits antérieurs, des histoires de revenans, et des récits de voyageurs. Je me souviens, d'avoir recueilli à cette époque l'anecdote suivante, que nous lut M. de Raymond. Il eut l'obligeance de m'en donner une copie qui je reproduis ici. Je crois bien qu'elle appartient originairement à un touriste allemand et qu'un Anglais s'en est emparé.

« L'État de Vermont n'a été colonisé qu'en 1724. Une chaîne de montagnes peu élevée la traverse du nord au sud (1).

« Le voyageur qui a parcouru la Nouvelle-Angleterre ne peut oublier les *Montagnes-Vertes*, vaste chaîne qui parcourt les États de Vermont, du nord au sud et dont les flancs boisés donnent naissance à mille ruisseaux intarissables, qui arrosent les plaines et vont ensuite alimenter le continent supérieur et le lac Champléem.

« Il y a quelques années que, consacrant la belle saison à une excursion dans ce pays, je me trouvai dans un petit village bâti sur le flanc occidental de ces montagnes; l'aspect de ces sites avait un charme tout particulier pour moi, et je demeurai plusieurs jours à admirer ces ta-

[1] En 1790 on comptait dans cet État 85,000 habitans; en 1834, il y en avait plus de 300,000.

bleaux d'une nature encore toute sauvage et dans sa fraîcheur primitive.

« Quoique je ne sois pas un chasseur de profession, j'aime cependant ce noble exercice ; les daims abondent dans les Montagnes-Vertes. Je voulus en tuer un; aussi, sans plus d'apprêt, j'empruntai un fusil à mon hôte, et, par une belle matinée, je m'acheminai vers les montagnes. Celle que je me proposais de gravir était composée d'une masse irrégulière de collines, superposées comme les gradins d'un immense amphithéâtre.

« Le soleil venait de se lever; les daims ne se montraient pas encore. Je voulus escalader la plus haute montagne, et, de ce plateau, je jouis d'un panorama tel qu'aucun génie humain ne pourrait le reproduire ni même en donner idée. La nuit vint; j'étais trop éloigné pour aller chercher un asile sous le toit de mon hôte; il fallut donc coucher dans la montagne.

« Comme je cherchais un abri vers la croupe d'une colline, je découvris une crevasse étroite et assez profonde, et dont la paroi extérieure était tapissée d'une mousse verte et épaisse qui abonde partout dans ce pays ; à l'aide de mon fusil, je parvins à allumer un tas de feuilles sèches et de branches de pins ; la colonne brillante qui s'éleva me rassura contre le froid et l'approche des jaguars, des ours, des loups et des animaux malfaisans très-communs dans ces montagnes.

« Mourant de faim, je voulus essayer de dormir ; j'entassai sur mon foyer une quantité de bois suffisante pour plusieurs heures, et, m'étendant sur le roc couvert de mousse, dans le fond de la crevasse, les pieds tournés vers le feu, je tardai peu à m'assoupir. Quand mes idées devinrent confuses, une sorte de cauchemar s'empara de moi ; il me sembla voir je ne sais combien d'ours monstrueux gambadant sous des voûtes de verdure avec plusieurs oursins gigantesques. J'essayai de gravir la montagne ; le terrain se dérobait sous moi.

« Je m'éveillai en cet instant ; ma première sensation fut de lutter contre quelque chose qui m'avait réellement saisi. En un clin d'œil, je me me sentis violemment emporté, et l'instant d'après j'éprouvai un choc qui faillit m'étourdir. Je croyais rêver encore; je regardai autour de moi; partout les plus profondes ténèbres. Je distinguai seulement au dessus de ma tête un étrange rayon de lumière; on aurait dit une ouverture dans le ciel, à travers laquelle une faible lueur rougeâtre se reflétait par intervalle. Je me levai sur mes pieds et tentai d'avancer; hélas! je rencontrai devant moi un mur perpendiculaire de rochers; je regardai de nouveau et je reconnus enfin que j'étais au fond d'une profonde caverne, et que la lumière d'en haut provenait d'une ouverture qui existait à son sommet, et par laquelle ma brusque descente s'était opérée; ainsi cette lueur rougeâtre et flamboyante que j'apercevais n'était que la lueur de mon bivouac: quelques meurtrissures et l'espace étroit dans lequel je me trouvais renfermé me convainquirent que ma cruelle position n'était pas un rêve.

«Il y a dans les Montagnes-Vertes beaucoup de cavités semblables; le voyageur marche sur un tapis de mousse, qui, s'étendant d'un rocher à l'autre, le soutient seul au dessus des profondeurs de l'abîme. C'était précisément au dessus d'un lieu pareil que j'avais allumé mon feu, et que je m'étais couché pour dormir, sans soupçonner que ma couche elle-même fût un piége perfide. Le feu avait-il pénétré sous la mousse et attaqué les branches sèches qui servaient de charpente à ce toit de végétation, ou bien la mousse avait-elle cédé sous mon propre poids? c'est ce dont je n'ai pu me rendre compte.

« Je me frottai de nouveau les yeux; je n'avais pas de blessures, mais plusieurs contusions douloureuses; le fond de la caverne était garni de feuilles mortes, de terre éboulée, de branchages qui avaient amorti ma chute et protégé ma tête contre les aspérités des rochers, car j'étais tombé de quinze à vingt pieds au moins. Je tâtonnai à droite et à gauche et je m'aperçus qu'en étendant les bras, je pouvais toucher à la fois les deux murs de la caverne.

« Que faire? attendre jusqu'au jour avant de me livrer au désespoir : c'était le meilleur parti à prendre..... Tout à coup je fus alarmé par le bruit d'un corps qui s'agitait au fond de la caverne.... L'instant d'après, des yeux brillans étaient fixés sur moi...... un frisson parcourt tous mes membres, mes cheveux se hérissent, une sueur glacée découle de mon front, je reste pétrifié d'horreur; j'aurais donné un empire pour le plus faible espoir de salut..... J'étais dans le repaire d'un loup, seul avec le terrible habitant de cette caverne, sans espoir de fuite ou de défense.

« Nous continuâmes le loup et moi à nous observer réciproquement ; lui par bonheur ne bougea pas..... Je n'avais sur moi qu'un large couteau pointu dont je m'étais muni pour couper les branches et les broussailles: je le tirai de ma poche, et, l'assurant dans ma main droite, je me préparais à fondre sur l'animal; c'était un acte de désespoir.... Une réflexion m'arrêta: mon farouche ennemi demeurait fort silencieusement à l'extrémité de la caverne. Il y avait quelques minutes au moins que j'étais en son pouvoir, et il s'était borné jusque-là à fixer sur moi ses yeux terribles; peut-être resterait-il dans la même inaction? Je me souvins que le loup tout sauvage, tout farouche qu'il est, n'en est pas moins doué de poltronnerie.

« Puisqu'il a tant tardé à m'attaquer, me dis-je, il a peut-être peur; je le surveillai alors avec la confiance d'un courage renaissant. Ses yeux reluisaient encore dans les ténèbres, mais je crus démêler dans le clignotement de leurs prunelles vertes les signes de l'hésitation; je me tins néanmoins sur mes gardes, résolu, s'il montrait quelque disposition hostile, de lui épargner la moitié du chemin.

« Mes conjectures ne me trompèrent pas. Il est probable que le loup dormait profondément quand je tombai dans la caverne. Imaginez la terreur que dut lui causer cette visite inattendue; car, autant que je peux m'expliquer cette rencontre, il devait se trouver juste au dessous de la crevasse, et c'était sur lui que je serais tombé. J'avais en outre un souvenir confus (et je l'ai signalé) d'avoir lutté contre quelque chose de mouvant, dans l'instant où ma chute m'avait éveillé ; sans doute le loup surpris, épouvanté, n'appréciant pas la valeur du danger avait cédé à son caractère de poltronnerie, à l'instinct invincible de la peur, et était allé immédiatement se blottir dans le coin le plus reculé de son antre.

« Les heures succédaient aux heures; jeguettais toujours mon hôte, craignant que, triomphant de la crainte que je lui inspirais, il ne redevînt loup féroce et ne se jetât sur moi ; mais il resta tranquille; et, quand les premiers rayons du matin pénétrèrent dans la caverne, je vis mon loup immobile dans son poste d'observation, et, le dirai-je, plus tremblant que moi.

« Le retour de la lumière accrut mon anxiété. partout j'apercevais des rochers infranchissables. Fuir était impossible ; une seule issue restait ouverte à l'extrémité de la caverne, celle par où le loup rentrait et sortait tous les jours en rampant. Si l'animal à mon arrivée se fût dirigé de ce côté, il aurait pris immédiatement la fuite ; mais, dans sa panique, il n'avait pas songé à se sauver, et il s'était blotti au hasard dans le premier coin venu.

« Dans cette position singulière, je n'avais d'autre perspective que de mourir de faim, si je ne devenais la proie du loup.

« Cependant après une longue et pénible attente, je jugeai qu'il pouvait être midi aux rayons qui pénétraient jusqu'à nous. J'éprouvais une sorte de vertige causé par mon anxiété et par le besoin d'alimens ; je m'assis presque résigné à mon sort..... Dans ce moment un gémissement sourd interrompit ma rêverie; je m'imaginai que ce devait être une déclaration de guerre de mon camarade; je me recommandai à Dieu, car j'étais trop faible pour opposer la moindre résistance, mais bientôt les aboiemens d'un chien vinrent frapper mon oreille.

« Comment décrirais-je les sensations délicieuses de mon ame à ce bruit rassurant?..... Les aboiemens se rapprochant, je ne doutai plus que mes amis ne fussent à ma recherche et qu'ils n'eussent trouvé ma trace. Ce qui me rendait l'espoir et mes forc s semblait redoubler l'effroi du loup; il s'accroupit, de plus en plus tremblant, en se serrant contre le roc. A chaque jappement du chien, il répondait par un murmure plaintif. Son ouïe, plus fine que la veille, avait saisi ces sons avant qu'ils fussent venus à moi. En quelques minutes, des voix d'hommes s'élevèrent au dessus de ma prison; le long cri que je poussai les amena à la crevasse; ils nouèrent des branches d'arbres, en firent une échelle à l'aide de laquelle je dis adieu à cet affreux cachot.

« Mon premier soin fut de demander grace pour le pauvre loup qui, aussitôt qu'il s'était vu délivré de ma présence, avait couru à l'ouverture par où il sortait, déjà on le couchait en joue; sa mort m'aurait attristé. Il me doit la vie; se ressouviendra-t-il de son hôte forcé.

« Je sus que je devais la mienne à l'odorat de mon chien que j'avais laissé chez mes amis; le bon animal m'ayant suivi à la trace malgré l'irrégularité de mes pas.

« Mes cheveux n'ont point blanchi pendant cette aventure; mais c'est un souvenir qui ne me quittera jamais. Combien de fois depuis, j'ai revu dans des songes deux yeux de feu, dardés sur les miens au milieu des ténèbres; combien de fois se sont renouvelées toutes les terreurs d'une nuit passée tête-à-tête avec un loup et dans le propre repaire de ce furieux et cruel ennemi! Je frémis encore à cette seule pensée. »

CHAPITRE X.

Le 16 juin 1808, l'Espagne était en pleine révolution; une junte d'insurrection organisée appelait les sujets de Ferdinand VII à la défense du trône de leur maître.

Le 14 août suivant, Napoléon revint de son voyage dans le midi de la France; ce fut alors qu'il compara les Gascons à des diables. « Ils sont nés soldats, dit-il; avec eux j'irais au bout du monde.»

A Toulouse, il reçut de fâcheuses nouvelles: de l'autre côté des Pyrénées, on osait refuser la couronne à son frère.

Les amis du merveilleux répandirent alors un bruit plus qu'extraordinaire et que je rapporterai sans y croire. Il était deux heures du matin. Napoléon était à Toulouse; il travaillait encore dans son cabinet. On frappe à la porte d'une manière inusitée et qui le fait tressaillir. Cependant un homme est entré dans son cabinet sans attendre une réponse; on lit sur sa physionomie un mélange de férocité, d'astuce et d'héroïsme; une chevelure longue et touffue retombe jusque sur ses épaules; un cercle d'or surmonté de pointes est sa couronne; sa tunique courte est rattachée autour de ses reins par une lanière de peau d'ural garnie de clous d'or; par-dessus, un manteau de pourpre, resplendissant de broderies en or et en argent, tombe depuis ses épaules jusqu'à terre. Sa taille est peu élevée, mais tout en lui annonce une force prodigieuse;

ses pieds sont posés sur des sandales, et sa main porte sans effort une énorme masse d'armes.

Cet homme s'avança d'un pas grave; il négligea de refermer la porte derrière lui, ce qui laissa voir à Napoléon ses aides-de-camp, ses chambellans, ses pages, les capitaines de sa garde, tous endormis.

Napoléon, inaccessible à la crainte, éprouve une inexprimable émotion. Il regarde et ne peut parler, quand le fantôme, prenant la parole, lui dit :

— Je suis Clovis. J'ai fondé une monarchie que tu viens détruire; j'ai vaincu en bataille rangée Alaric, roi des Aquitaines et des Espagnes; il est mort tué de ma main en combat singulier, mais je n'ai pu m'établir sur l'autre revers des Pyrénées. Toi, tu as préféré la ruse au courage; tu viens d'allumer un incendie qui dévorera ton trône.

A cette révélation fatale, Napoléon poussa un cri et le spectre disparut. Il se réveilla, mais la porte s'était refermée. Roustan prit sur lui de l'entr'ouvrir; il vit son maître renversé dans son fauteuil et se frottant les yeux..... Napoléon voulait avoir été la dupe d'un songe. J'ignore qui parla de cette apparition le premier; ce que je sais, c'est qu'elle fut racontée le lendemain à l'archevêque de Toulouse; plus tard il la répéta au comte Réal de qui je la tiens.

Avant de se séparer à Tilsitt, l'empereur Napoléon et l'empereur Alexandre s'étaient promis de se revoir; leur nouvelle entrevue eut lieu à Erfurth, le 27 septembre.

Le comte de Beausset nous a laissé des documens curieux sur cette réunion unique dans l'histoire. On vit en effet réunis, outre les empereurs de France et de Russie, les rois de Bavière, de Wurtemberg, de Saxe, le roi et la reine de Westphalie, vingt-sept princes souverains, et l'élite des grands personnages du continent.

Des acteurs du théâtre Français furent appelés de Paris: c'étaient Saint-Prix, Talma, Lafont, Damas, Després, Lacave, Varennes, mesdemoiselles Raucourt, Duchenois, Bourguoin,

Rose Dupuis, Gros et Patrat; Dazincourt remplit les fonctions de régisseur.

L'empereur Napoléon et l'empereur Alexandre portèrent réciproquement leur grand ordre; Napoléon l'ordre de Saint-André, et Alexandre la grand' croix de la Légion-d'Honneur. A la suite de l'empereur étaient le maréchal Berthier, prince de Neufchâtel, vice grand connétable de l'empire;

Le prince de Bénévent, vice grand électeur, et encore grand chambellan;

Duroc, duc de Frioul, grand maréchal du palais;

M. Maret, duc de Bassano, ministre secrétaire d'État;

M. de Champagny, duc de Cadore, ministre des relations extérieures;

Le général de division, comte de Nausouty, premier écuyer.

Le comte de Remusat, premier chambellan;

Le lieutenant-général Savary, duc de Rovigo, aide-de-camp de l'empereur;

Le lieutenant-général, comte Law de Lauriston, aide-de-camp de l'empereur;

Le baron de Canouville, colonel et maréchal des logis du palais impérial;

Le comte Eugène de Montesquiou Fezensac, chambellan de l'empereur;

Le marquis Cavalletti, écuyer;

Le baron de Menneval, secrétaire du cabinet;

Le baron Fain, secrétaire du cabinet;

Le baron Yvau, chirurgien de sa majesté;

Huit pages et un sous-gouverneur;

Le comte de Beausset, préfet du palais;

Le lieutenant-général de Caulincourt, duc de Vicence, grand écuyer, ambassadeur à Pétersbourg;

Le comte Daru, intendant de la liste civile, intendant-général de l'armée d'Allemagne.

Là ne se bornait pas le nombre des Français, d'un rang élevé, présens à Erfurth : le maréchal Soult, duc de Dalmatie, le maréchal Oudinot, duc de Reggio, le général de division comte de Saint-Germain, etc., etc., y figurèrent.

Je ne peux résister au désir de citer une anecdote que rapporte M. de Beausset.

« Le 30 octobre, on jouait OEdipe. Dans la première scène, Philoctète dit à Dima, son confident :

« L'amitié d'un grand homme est un bienfait des dieux.

« A ce vers nous vîmes l'empereur Alexandre se tourner vers Napoléon et lui présenter la main avec toute la grace possible en ayant l'air de lui dire : *Je compte sur la vôtre*. Tous les spectateurs furent initiés à cette flatteuse application à laquelle nous vîmes Napoléon s'incliner, en ayant l'air de se refuser à un compliment si embarrassant.

« J'étais empressé de connaître ce qui réellement avait été dit. J'allai au coucher, et m'approchant du prince de Talleyrand, je lui demandai s'il avait remarqué ce qui s'était passé pendant la première scène d'OEdipe. *Je l'ai si bien remarqué*, me dit le prince, *que je viens ici pour demander à l'empereur de vouloir bien m'apprendre comment et en quels termes l'application de ce vers lui a été faite par l'empereur Alexandre.* M. de Talleyrand resta avec sa majesté. J'attendis la sortie de ce prince qui eut la bonté de ne me laisser aucun doute sur l'interprétation que j'avais donnée à cette expression des sentimens de l'empereur Alexandre.»

Voici une autre anecdote, relative au même voyage et particulièrement au séjour de l'empereur à Weymar. C'était le 7 octobre. Ce jour-là, pendant le dîner, il fut question de la Bulle d'Or qui, jusqu'à l'établissement de la confédération du Rhin, avait servi de constitution et de réglement pour l'élection des empereurs, le nombre et la qualité des électeurs, etc. Le prince Primat entra dans quelques détails sur cette bulle qu'il disait avoir été faite en 1409.... L'empereur Napoléon lui fit observer que cette date n'était pas exacte et que la Bulle d'Or fut promulguée en 1336, sous le règne de l'empereur Charles IV.

—C'est vrai, Sire, répondit le prince Primat,

je me trompais; mais comment se fait-il que Votre Majesté sache si bien ces choses-là?

— *Quand j'étais simple sous-lieutenant d'artillerie en second*, dit Napoléon.... A ce début il y eut de la part des augustes convives un mouvemens d'intérêt très-marqué — il reprit en souriant : Quand j'avais l'honneur d'être simple sous-lieutenant en second d'artillerie, je restai trois années en garnison à Valence. J'aimais peu le monde et vivais très-retiré. Un hasard heureux m'avait logé près d'un libraire très-instruit et des plus complaisans.... J'ai lu et relu sa bibliothèque pendant ces trois années de garnison, et n'ai rien oublié, même des matières qui n'avaient aucun rapport avec mon état. La nature d'ailleurs m'a doué de la mémoire des chiffres; il m'arrive très-souvent avec mes ministres de leur citer le détail et l'ensemble numérique de leurs comptes les plus anciens. »

Il y avait un orgueil bien placé de parler ainsi de soi-même, en présence de toute l'Europe représentée pour ainsi dire à ce banquet de rois.

Les convives de ce festin étaient Napoléon,

Alexandre, la reine de Westphalie, la duchesse de Weymar, les rois de Bavière, de Wurtemberg, de Saxe, de Westphalie, le grand-duc Constantin, le prince Primat, le prince Guillaume de Prusse, le duc d'Oldembourg, le prince de Meclklembourg-Schwerin, le prince héréditaire de Weymar; les princes de Neufchâtel et de Bénévent; on ne pouvait guère souper en meilleure compagnie. Le duc de Weymar, qui traitait, fit demander au grand maréchal du palais, duc de Frioul, *le nombre d'employés nécessaires de la bouche pour faire le dîner particulier de l'empereur. Sa majesté, à qui on en référa, repartit que ce n'était pas à propos, car il avait envie de goûter de la cuisine allemande.* Certes, c'était de la confiance; cela doit faire apprécier à leur juste valeur les contes ridicules répandus sur les précautions que prenait ce monarque. Le duc de Weymar fut sensible à la généreuse réponse de l'empereur des Français.

La réunion d'Erfurth fut un piége tendu à la loyauté de Napoléon par le grand charlatan du Nord, fanfaron de désintéressement, espèce d'autocrate, bon enfant que, plus tard on a si heureusement surnommé le beau Léandre de la coalition. Par une confiance feinte, on stimula la confiance réelle de Napoléon; on approuva ses projets pour en extorquer la confidence, afin de les mieux déjouer. *L'amitié d'un grand homme* devint ainsi *un bienfait des dieux*, puisqu'elle remit entre les mains du fils de Paul Ier les armes avec lesquelles Napoléon fut vaincu.

Cependant, à cette époque, on ne redoutait point le vent du Nord, et ce fut en pleine sécurité que l'empereur revint à Paris où il arriva le 18 d'octobre; il ne s'y arrêta que onze jours. Le 29 il partit de Paris, après avoir présidé l'ouverture de la session du corps législatif, et entra en Espagne où sa présence enfanta d'abord ces rapides prodiges qui ne surprenaient pour ainsi dire plus. Le 7 novembre il prit possession de Vittoria; le surlendemain de Burgos, et le 4 décembre, il soumettait Madrid.

La veille, à trois heures du soir, le général Morlo, l'un des membres de la santé militaire, et don Bernard Yriarte, envoyé de la ville, se rendirent dans la tente du prince de Neufchâtel;

ils firent connaître que l'opinion des hommes bien pensans était que la ville ne pouvait se défendre plus long-temps, sans un inconcevable délire, toutes les ressources étant épuisées; mais qu'un fanatisme aveugle travaillait les dernières classes du peuple et les paysans étrangers à la ville; ils demandaient la journée du 4 pour faire entendre raison à cette multitude. Le prince, major-général, les présenta à l'empereur qui leur dit:

—Vous employez en vain le nom du peuple; si vous ne pouvez parvenir à le calmer, c'est parce que vous-même l'avez excité; vous l'avez égaré par des mensonges. Rassemblez les curés, les chefs de couvens, les alcades, les principaux propriétaires, et que, demain à six heures du matin, la ville se rende, ou elle aura cessé d'exister; je ne veux, ni ne dois retirer mes troupes. Vous avez massacré les malheureux prisonniers français qui étaient tombés dans vos mains; vous avez, il y a peu de jours, laissé traîner et mettre à mort deux domestiques de l'ambassadeur de Russie, parce qu'ils étaient français. L'inhabileté et la lâcheté d'un général avaient mis en vos mains des troupes qui avaient capitulé sur le champ de bataille, et la capitulation a été violée. Vous, M. Morlo, quelle lettre avez-vous écrite à ce général? Il vous convenait bien de parler de pillage, vous qui, étant entré en Roussillon, avez enlevé toutes les femmes et les avez partagées comme un butin à vos soldats. Quel droit aviez-vous d'ailleurs pour tenir un pareil langage? la capitulation vous l'interdisait. Voyez quelle a été la conduite des Anglais qui sont bien loin de se piquer d'être de zélés observateurs du droit des nations. Ils se sont plaints de la convention du Portugal, mais ils l'ont exécutée. Violer les traités militaires, c'est renoncer à toute civilisation; c'est se mettre sur la même ligne que les bédouins du désert. Comment donc osez-vous demander une capitulation, vous qui avez violé celle de Baylen? voilà comment l'injustice et la mauvaise foi tournent toujours contre ceux qui s'en sont rendus coupables. J'avais une flotte à Cadix; elle était l'alliée de l'Espagne, et vous avez dirigé contre elle vos mortiers de la ville que vous commandiez. J'avais une armée espagnole dans mes rangs, j'ai mieux aimé la voir passer sur les vaisseaux des

Anglais et être obligé de la précipiter du haut des rochers d'Espinosa que de la désarmer. J'ai préféré avoir sept mille ennemis de plus à combattre, que de manquer à la bonne foi et à l'honneur. Retournez à Madrid. Je vous donne jusqu'à six heures du matin; revenez alors si vous n'avez à me parler du peuple que pour m'apprendre qu'il est soumis; sinon, vous et vos troupes serez tous passés par les armes. »

Le 9 du même mois, il disait au corps de ville de Madrid avec non moins de grandeur :

« J'agrée les sentimens de la ville de Madrid; je regrette le mal qu'elle a essuyé.... J'ai aboli le tribunal contre lequel le siècle et l'Europe réclamaient. Les prêtres doivent guider les consciences, mais ne doivent exercer aucune juridiction extérieure et corporelle sur les citoyens.

« J'ai satisfait à ce que je devais à moi et à ma nation; la part de la vengeance est faite, elle est tombée sur dix des principaux coupables. Le pardon est entier et absolu pour tous les autres.

« Comme il n'y a qu'un Dieu, il ne doit y avoir en Espagne qu'une justice.

« J'ai fait connaître à chacun ce qu'il pouvait avoir à craindre ou à espérer.

« Les armées anglaises, je les chasserai de la Péninsule.

« Sarragosse, Valence, Séville, Cadix, seront soumises ou par la persuasion ou par la force.

« Il n'est aucun obstacle capable de retarder long-temps l'exécution de ma volonté.

« Les Bourbons ne peuvent plus régner en Europe... Aucune puissance ne peut exister sur le continent, influencée par l'Angleterre. S'il en est qui le désirent, leur désir est insensé et produira bientôt leur ruine.

« Il me serait facile et je serais obligé de gouverner l'Espagne en y établissant autant de vice-rois qu'il y a de provinces. Cependant je ne refuse point à céder mes droits de conquêtes au roi et à l'établir à Madrid lorsque trente mille citoyens que renferme cette capitale, ecclésiastiques, nobles, négocians, hommes de loi, auront manifesté leurs sentimens, leur fidélité, donné l'exemple aux provinces, éclairé le peuple, et fait connaître à la nation, que son existence et son bonheur dépendent d'un roi et d'une constitution libérale, favorable au peuple et contraire seulement à l'égoïsme et aux passions des grands.

« Si tels sont les sentimens des habitans de la ville de Madrid, que ses trente mille citoyens se rassemblent dans les églises, qu'ils prêtent devant le saint-sacrement un serment qui sorte non seulement de la bouche, mais du cœur, et qui soit sans aucune restriction jésuitique; qu'ils jurent appui, amour et fidélité au roi; que les prêtres au confessionnal et dans la chaire, les négocians dans leur correspondance, les hommes de loi dans leurs écrits et leurs discours inculquent ces sentimens au peuple; alors, je me dessaisirai du droit de conquête; alors je placerai le roi sur le trône, et je me ferai une douce tâche de me conduire envers les Espagnols en ami fidèle. La génération présente pourra varier dans ses opinions; trop de passions ont été mises en jeu; mais vos neveux me béniront comme votre régénérateur. Ils placeront au nombre des jours mémorables ceux où j'ai paru parmi vous; et de ces jours datera la prospérité de l'Espagne.

« Voilà, messieurs les corrégidors, ma pensée tout entière. Consultez tous vos concitoyens et voyez le parti que vous avez à prendre; mais, quel qu'il soit, prenez-le franchement et ne me montrez que des dispositions vraies. »

Après avoir culbuté dans la mer l'armée anglaise, Napoléon revint en France où de grands intérêts le rappelaient : l'Angleterre lui avait suscité un nouvel ennemi. L'Autriche, pour la cinquième fois, rentrait dans la lice. Avant de m'occuper de cette partie de l'histoire de l'empire, je veux placer ici quelques faits particuliers.

L'impératrice Joséphine était allée passer à la Malmaison le temps que dura le voyage de l'empereur à Erfurth. J'y allais fort souvent. Un matin, après le déjeuner, elle daigna prendre mon bras, et se dirigea du côté de ses belles serres. La comtesse de La Rochefoucauld, légèrement indisposée, ne l'accompagnait pas; il n'y avait avec nous qu'une dame du palais, madame de L... et un de mes collègues, attaché à l'impératrice en la même qualité que moi à l'empereur; madame de L...., petite, mignonne, constamment vêtue de rose, était assez préoccupée de sa conversation avec mon collègue pour ne point faire attention à ce qui se passait autour d'elle. Sans doute l'impératrice le remarqua, car elle crut pouvoir me demander si on racontait au faubourg Saint-Germain des nouvelles d'Erfurth. Ma réponse fut négative.

— N'y parle-t-on pas de mon divorce? dit-elle alors.

A cette question imprévue, je frissonnai.

— Ah! Madame, m'écriai-je tout ému; je ne connais ni fou, ni sot, ni traître.

— Les fous, les sots, les traîtres, ne manquent pas dans votre noble faubourg, si ceux-ci seulement peuvent s'occuper de ce dont je vous parle. Nous nous connaissons depuis long-temps, M. D.....; ne me déguisez donc point la vérité; mes renseignemens ne sont que trop certains. La grande affaire du faubourg Saint-Germain est de remarier l'empereur; on lui propose la princesse Amélie de Saxe [1]; mais ce n'est pas elle que je redoute. L'empereur serait peu flatté de s'allier à une auguste Maison sans doute, mais qui n'occupe point un des premiers rangs en Europe; il lui faudra une archiduchesse d'Autriche ou une grande duchesse de Russie.

Cette conversation me pesait d'autant plus que je voyais déjà des larmes mouiller les yeux de l'impératrice.

— Au nom de Dieu, Madame, dis-je, bannissez ces craintes chimériques; l'empereur vous aime. Il voit en vous son étoile, sa bonne fortune; il ne s'en séparera pas.

— Ah! Monsieur, je n'ai pu lui donner de fils; et à qui laissera-t-il ses couronnes? Je me suis flattée un instant que ce serait à Eugène : il n'en sera rien; l'enfant de Louis est mort. Napoléon voudra un héritier de son propre sang; d'ailleurs Fouché pousse à la roue. Hier encore ce méchant homme ne me conseillait-il pas de provoquer le divorce.

A ce mot ma frayeur redoubla; j'aurais voulu

[1] Elle épousa depuis Ferdinand VII.

me voir à mille lieues du bras de l'impératrice. Ceux qui de loin enviaient *mon bonheur* ne se doutaient pas de tout ce que je ressentais de douloureux. Je gardai le silence, craignant que Joséphine, dont la discrétion n'était pas la vertu favorite, ne répétât mes paroles; et l'on sait ce qu'il en coûta à M. de Chateaubriand pour avoir parlé prématurément du divorce. Joséphine continua à parler; elle me dit tout ce que la crainte née d'une prévoyance trop bien fondée put lui inspirer. Ensuite elle me pria de ne lui rien cacher, de lui rapporter tous les bruits que je pourrais recueillir touchant ce fatal mariage. — Interrogez surtout, me dit-elle, les personnes qui ont accompagné l'empereur à Erfurth, aussitôt qu'elles seront de retour.

Ce que c'est que la passion! elle faisait oublier à l'impératrice ce qu'elle savait cependant mieux que qui que ce fût; c'est-à-dire que, dans le salon de l'empereur, rien ne transpirait de ce qui se passait dans le cabinet. Et pourtant il y avait une sorte d'instinct dans la désignation des personnes qu'elle m'engageait à questionner. L'empereur, en effet, ne l'avait point emmenée à Erfurth;

par conséquent, il avait eu de graves motifs pour ne la point montrer à l'empereur Alexandre. Il était donc tout naturel qu'elle interprétât si défavorablement cette cruelle omission; presque toujours elle avait accompagné l'empereur, et, à peine de retour, il ne l'emmena point non plus lors de son second voyage d'Espagne. Elle lui demanda seulement la permission de venir l'attendre à Bayonne; mais ses instances furent inutiles : l'empereur se montra inexorable.

Peu de jours après la pénible conversation que j'eus avec l'impératrice, dans les serres de la Malmaison, faveur douloureuse et qui n'en fit pas moins de jaloux, je fus fort surpris de recevoir une invitation *à déjeuner* chez Fouché. J'ai dit quels avaient été mes rapports avec lui à différentes époques, et l'on a pu juger qu'il n'existait entre nous aucun point de rapprochement habituel qui justifiât une invitation qui résulte ordinairement d'une certaine intimité. J'allais chez Fouché, comme tout le monde, comme chez les autres ministres, vers le premier de janvier, et encore une ou deux fois dans l'année, et presque toujours je me bornais à déposer ma carte.

Quoi qu'il en soit, je fus exact à me rendre chez lui à l'heure indiquée, et je me trouvai en très-petit comité. Nous étions cinq seulement, en comptant le ministre et moi. Pensant bien que ce n'était pas pour mes beaux yeux, comme on dit vulgairement, qu'il m'avait invité, je me tins sur une extrême réserve, déterminé à le voir venir, quoi qu'il pût tenter pour me faire parler. Fouché, pendant le déjeuner fut on ne peut plus aimable et affecta de parler du temps où il était professeur au collége de Jully. Les trois autres convives se retirèrent au moment où nous sortîmes de table, et je me trouvai seul avec Fouché.

— M. le comte, me dit-il alors en baissant la voix et sans autre préambule, vous êtes attaché à sa majesté; je sais ce qu'elle peut attendre de vous, et la carrière qu'elle peut vous ouvrir. Il s'agit de lui donner une preuve de dévoûment, dont sûrement sa majesté se montrera reconnaissante.

Je m'inclinai pour toute réponse, et le ministre poursuivit :

— Sans doute l'empereur, son service, sa gloire, son avenir, doivent vous être chers.

— Oui, Monseigneur, repartis-je, et je crois avoir fait mes preuves de dévoûment.

— Je le sais, et voilà pourquoi je m'adresse à vous, Monsieur; ce ne sont pas jeux d'enfans, prenez-y garde. Nous touchons à une crise prochaine, importante, inévitable; il convient d'en hâter le terme. Ce sera une révolution de palais, mais enfin l'intérêt de l'empereur et de l'empire l'exigent.

A la longueur de cette phrase, prolongée encore par l'hésitation que mit le ministre à la prononcer, je vis clairement que lui-même était embarrassé, et je ne cherchai point à venir à son secours. J'attendais donc; je persistai à ne répondre que par des phrases bannales. Alors, renonçant à toute circonlocution désormais inutile :

— Monsieur, me dit-il, nos institutions, notre position relative, notre grandeur comme nation, tout tient à l'empereur; s'il meurt aujourd'hui, son ouvrage périt avec lui; nous marcherons sur des ruines dont les débris nous enseveliront. Un seul remède appliqué à temps peut tout sauver; il faut que Napoléon renaisse dans sa postérité, il lui faut une femme féconde. Que vous en semble ? répondez-moi positivement; ma franchise a droit à la vôtre.

Jamais position ne fut plus affreuse que la mienne le devint à cette brusque interpellation. J'aurais préféré recevoir l'insulte la plus grave, mon épée m'en eût fait raison; mais comment prendre un parti entre l'empereur et l'impératrice; comment servir l'un sans trahir la confiance dont l'autre venait encore de m'honorer tout récemment, et puis, comment répondre au grand inquisiteur qui, me voyant encore un moment d'hésitation, ajouta :

— Je vous ai dit ma pensée, c'est celle de l'empereur; le divorce aura lieu. Quant à vous, et je vous le dis en son nom, votre devoir est de préparer l'impératrice à ce sacrifice douloureux; elle vous parlera, on lui insinuera de le faire. J'ai dicté votre réponse; songez que désobéir serait manquer à l'empereur.

Il ajouta des choses si fortes, il me fit si bien voir qu'il ne m'en imposait pas en mettant le nom de Napoléon en avant, que je ne doutai pas de sa véracité, de sorte que je promis au ministre de me conformer aux volontés de l'empereur.

Fouché me parla avec affection; il ne me dit rien pourtant qui me laissât connaître si le choix de la nouvelle impératrice était fait; mais, me ressouvenant du voyage que j'avais fait à Vienne avant la campagne d'Austerlitz, je ne doutai pas dès ce moment que mon ambassade manquée n'eût eu pour but de demander à l'empereur d'Autriche son alliance. Mais quelle princesse autrichienne Napoléon eût-il pu épouser alors? Marie-Louise n'avait que quatorze ans. Dans tous les cas si, en 1809, l'Autriche fut la première à proposer cette princesse, il n'en avait pas moins fallu deux guerres malheureuses pour l'y déterminer. Quelle page dans la vie d'un descendant de Rodolphe de Habsbourg et dans l'histoire de l'orgueilleuse maison de Lorraine!

Fouché, dès ce moment jusqu'à celui de sa disgrace en 1810, me combla de prévenances; c'était un de ces hommes qu'il valait mieux avoir pour ami que pour ennemi; je le compris et me conduisis en conséquence.

Depuis ce jour fatal, je n'étais plus à mon aise en présence de la bonne Joséphine; mon supplice était de me trouver en petit comité avec elle; je redoutais toujours le péril d'une conversation où elle reprendrait le cours de celle qui m'avait tant intrigué. Je mettais à me tenir à l'écart toute ma science diplomatique; pour une principauté, je n'aurais pas voulu encourir la méfiance du terrible Fouché.

Un matin, un homme d'honneur, de vertu, un père de famille et pauvre vint me voir et ne me cacha point qu'il était dans un état de gêne qui touchait presqu'à la misère. Mon premier mouvement fut de me diriger vers mon secrétaire.

— Mon ami, dit-il, je vous remercie; je ne veux pas vous faire un emprunt qui me priverait peut-être de votre amitié; je viens seulement vous prier de mettre cette requête sous les yeux de l'impératrice. Elle me connaît, elle m'obligera.

Que ce bon gentilhomme m'eût obligé lui-même, s'il eût voulu accepter le sac de mille francs que j'étais assez heureux pour pouvoir lui offrir. Il ne savait pas à quoi allait m'exposer la démarche qu'il réclamait de moi. Toutefois, je n'osai le refuser; je pris les pièces, et le même jour, je demandai à madame de la Rochefoucauld la faveur d'une audience. J'aurais pu l'obtenir directement; mais je connaissais la susceptibilité de la dame d'honneur, et je ne voulais pas non plus me brouiller avec elle.

Ce que je souhaitais me fut accordé le lendemain. J'entrai tout tremblant chez Sa Majesté; je lui remis la pétition de M. ou madame.... Elle en fut touchée, me donna deux billets de banque de mille francs chacun, à titre de secours provisoire, parla du pétitionnaire au ministre de l'administration de la guerre, et lui fit obtenir une bonne place.

Quant à moi, charmé du succès, j'attendais le signal du congé; car on sait sans doute que, quand on est admis devant un souverain, l'étiquette interdit de le quitter le premier; c'est lui qui doit vous congédier. Joséphine n'en fit rien, elle causa. Je la voyais venir; enfin, abordant le point capital :

— Hé bien, dit-elle, que savez-vous du mariage de l'empereur?

— Hélas! Madame, répondis-je, on parle d'une de ses nièces, de la reine d'Étrurie, de la sœur de l'empereur Alexandre, de la fille de l'empereur d'Allemagne.

A cette dernière désignation, elle pâlit et se mordit les lèvres.

—Ah! on parle de ces personnes; sa nièce! un inceste! il n'en voudra pas. La reine d'Étrurie... Je passe sous silence ce qu'elle en dit; quant aux deux autres, elles firent pleurer Joséphine.

— Ainsi, poursuivit-elle, un divorce ne répugne *à personne*; on ne me tient aucun compte du peu de bien que j'ai fait.

— Les hommes sont ingrats, répondis-je.

— Et vous, Monsieur, que pensez-vous de cela?

— En présence de l'impératrice, je ne sais qu'aimer une si parfaite souveraine.

— J'entends, et lorsque vous ne me voyez pas, vous êtes de l'avis de l'empereur?

— Madame, repartis-je, pourquoi me faire cette injustice? est-ce vouloir votre perte, que de comprendre la nécessité où se trouve l'empereur de consolider ses grands établissemens. Ah! s'il fallait ma voix seule pour vous faire rester éternellement sur le trône, elle vous serait acquise; mais je serais seul, Madame, contre une multitude de conseillers qui circonviennent l'empereur. Ils lui demandent, dans l'intérêt de la France un sacrifice qu'il ne ferait point dans son seul intérêt; Votre Majesté sait ce que c'est que de parler à l'empereur au nom de la France. Leur cœur de bronze ne voit rien en dehors des avantages politiques, et ils disent que votre gloire serait immortelle, si vous aviez le courage de vous immoler spontanément à l'avenir de la France.

Des pleurs, des sanglots, empêchèrent Joséphine de me répondre. Un signe de sa main me permit de me retirer. Ainsi finit mon supplice. Jamais, depuis ce jour, elle ne revint avec moi sur ce triste sujet. Lorsque j'eus rendu compte à Fouché de ce qui s'était passé entre l'impératrice et moi : « Allons, me dit-il, et ce sont ses propres expressions, un autre tour de roue encore, et il nous viendra une colonie de petits Napoléons. »

FIN DU TOME SECOND.

www.ingramcontent.com/pod-product-compliance
Lightning Source LLC
LaVergne TN
LVHW020605110826
845149LV00002B/375
* 9 7 8 2 0 1 1 8 7 6 0 8 9 *